东南大学法学博士文库

人民法院司法权配置与运行机制改革研究

岳彩领 /著

REN MIN FA YUAN SI FA QUAN PEI ZHI YU
YUN XING JI ZHI GAI GE YAN JIU

法律出版社
LAW PRESS · CHINA

总 序

博士，古时为学官名，他们精通经艺，教授生徒；如今则属学位名，位于学位序列的最高一级，占据国民教育体系的顶端。古今分别虽然悬殊，但就学识渊博、学问精专而言，则是相通的。如今，一个人若能取得博士学位，无疑标志着他由学习阶段进入了学术阶段，真正具备了独立的思考能力、敏锐的洞察意识、严谨的批判精神。如此人才，对提升国家的理论自信，塑就国民的文化自信，深化科教强国战略而言，是决然不可或缺的。因此，博士的培养一直是国家教育资源的重要倾注所在。而伫立其间的法学博士，在当下“法治是治国之重器”的战略论断下，更显得意义非凡，这也是当下法学博士所应担当的时代重任之所在。基于当今宏大的历史使命，东南大学法学院与众多高校一起，共同肩负起了法学博士的培养之责。

东南大学位于六朝古都南京，承续江左文枢

余脉。其法学学科肇始于1928年国立中央大学,1995年东南大学复建法律系,2006年9月19日成立法学院。二十多年的春华秋实,十余载的开拓进取……回首往事,感慨万千,筚路蓝缕,虽苦犹甜;放眼今朝,备受鼓舞;展望未来,生机无限。如今的东南大学法学院年轻而朝气蓬勃,朴实而气象万千。在不断的奋进中,法学院已初步形成了与学校"双一流建设"要求相匹配的学科优势与特色。在研究生培养上也是全面开花,陆续获批法律硕士专业学位授权点、法学一级学科硕士学位授权点。2016年正式获批的法学一级学科博士学位授权点被列为江苏省重点学科,更是开启了法学院法学博士培养的新篇章。早在2008年,东南大学法学院就在马克思主义学科点独立招收法学博士研究生。十载虽短,但也足以检验出一所高校法学院的博士培养水平,足以沉淀出一所法学院博士生群体的学术品性。

南京作为中国的大城市,背枕钟山,比邻长江,得天之独厚,自古便享繁华。如此这般熙攘喧嚣,对于学术所需要的静谧,实在是一种反差。这就需要博士生们耐下性子,沉下心来,于喧闹之中觅得清净,于浮华之中自我积淀。可喜的是,我们的博士生做到了,博士学位论文的最终出版便是最好的证明。当然,这依然是不够的。因为,博士学位论文作为每位博士的学术开端,不免显得稚嫩与不足,需要博士们对其展开进一步的查漏补缺、推敲打磨,借此实现学术素养的再次升华。

思想在于交流,学术在于批判。博士学位论文的完善、学术素养的升华,最好的方式便是直面同行学人的质疑和批评。基于以上考虑,我们决定推出"东南大学法学博士文库"。一方面,为博士们对外展示自己的智识成果提供一个平台,为学界的理论研究输出一点智慧结晶,以飨读者;另一方面,我们也希望通过博士学位论文的付梓,对博士们的学术积淀情况进行一番检验。因此,学界同仁的指教与斧正于我们弥足而珍贵。不仅对博士本人的学术成长,而且对法学院博士生培养工作的拔升,均受益非常。

我们也深知,学术沉淀非一日之功,学术新人的培育非一时之力。我们只是希望借助“东南大学法学博士文库”这一起点,以良好的初心为优秀作品的雕琢、为学术新人的首秀提供一方平台,如此便足矣。

是为序。

东南大学副校长　周佑勇

2018 年 5 月 17 日

目录

第一章　司法权的属性、功能与中国司法制度的历史演进

中国共产党第十八次全国代表大会指出："全面推进依法治国""进一步深化司法体制改革……确保审判机关、检察机关依法独立公正行使审判权、检察权。……提高领导干部运用法治思维和法治方式深化改革、推动发展、化解矛盾、维护稳定能力。党领导人民制定宪法和法律，党必须在宪法和法律范围内活动。任何组织或者个人都不得有超越宪法和法律的特权，绝不允许以言代法、以权压法、徇私枉法"。党的十八届三中全会通过的《中共中央关于全面深化改革若干重大问题的决定》和党的十八届四中全会通过的《中共中央关于全面推进依法治国若干重大问题的决定》，更是对新一轮司法权配置与运行机制改革作了系统部署。仅从词频来看，仅仅在《中共中央关于全面推进依法治国若干重大问题的决定》中，"法治"一词即出现了 111 次，"司法"

一词出现了73次,可见顶层对推进司法改革的重大决心。在习近平总书记关于《中共中央关于全面推进依法治国若干重大问题的决定》的说明中,列举了10个方面的问题。其中党的领导和依法治国的关系、全面推进依法治国的总目标、健全宪法实施和监督制度、完善立法体制、加快建设法治政府,总体而言,更多的是属于宏观指导性的改革意见;而提高司法公信力、最高人民法院设立巡回法庭、探索设立跨行政区划的人民法院和人民检察院、探索建立检察机关提起公益诉讼制度、推进以审判为中心的诉讼制度改革,均是关于司法改革的具体论述。因此,在一定程度上说,《中共中央关于全面推进依法治国若干重大问题的决定》的主要目的是推进司法改革,它也是我们开展人民法院司法权配置与运行机制改革研究的顶层设计依据。上述改革决定,为我国新一轮的司法权配置与运行机制改革指明了方向,但同时也提出了更高要求。因此,自法理层面厘清司法权的属性和基本功能,梳理我国法院制度的历史演进,为人民法院司法权配置与运行机制改革研究奠定坚实的理论基础,无疑是当前改革中的一个重要课题。

第一节　司法权的含义和属性

一、司法权的含义

“司法”一词在我国古代即已使用,如唐代州一级掌管刑法的官名为“司法参军”,县一级掌管狱讼的官名为“司法”。《辞源》对“司法”作了如下解释:“司法:官名。如两汉郡之佐吏有决曹、贼曹掾,主管刑法。北齐称法曹参军。唐制在府叫法曹参军。元废。”①由此可见,“司法”在我国古代主要是指执掌刑事法律的人,这也体现了

① 《辞源》(修订本)(重排版)(第1册),商务印书馆2009年版,第466页。

我国古代重刑轻民的基本法律思想。而近代意义上与立法、行政相对应的司法概念,在我国则始于清末修律时期。清朝《法院编制法》《大清法规大全·宪政部》《大清新刑律》等均有"司法"一词,且与立法、行政相对应,如《大清法规大全·宪政部》中即有"立法、行政、司法则总揽于君上统治之大权"。我国古代之所以不存在近代意义上"司法"的概念,主要与我国数千年的封建专制统治有关。我国封建专制时代并没有分权的概念和意识,除了中央政府行政权与司法权有所分工以外(如专门设立了刑部等),国家最高和最低的行政机关和司法机关是合二为一的,如最高是皇帝,最低是县、府等地方的行政权和司法权。知县、知府大人,既是行政官员,又是司法官员。平时管理政府,有案件时就审判案件。这种合二为一的传统一直延续到1901年沈家本修律变法,引进西方的司法制度之时,才宣告结束。另外,从司法所具有的执行法律的含义来看,我国古代的司法并不强调通过执行法律解决分歧从而使法律得以实施的作用,这也是"司法"一词在我国古代在执行法律方面的作用未得到确认的原因之一。

西方社会虽然也没有关于司法的统一定义,但总体来看,司法是与法官及裁判联系在一起的。《牛津高阶英汉双解词典》将"judicial"解释为"法庭的、法官的、审判的、司法的";①《牛津法律理论词典》则将"judicial legislation"解释为"法官造法,意指法官在判决案件时不是发现法律和适用现有的法律,而是创制新的法律";②《牛津法律大辞典》则将"judicial"解释为"关于法官的术语,多数情

① [英]霍恩比:《牛津高阶英汉双解词典》,赵翠莲等译,牛津大学出版社、商务印书馆2014年版,第986页。

② [美]布赖恩·H.比克斯:《牛津法律理论词典》,邱昭继等译,法律出版社2007年版,第114页。

况下区别于‘立法的’和‘行政的’,或区别于‘司法之外的’”;[①]《元照英美法词典》关于“judicial power”则是指“法院和法官依法享有的审理和裁判案件并作出有拘束力的判决的权力,与立法权和行政权相对”。[②] 而从司法权的行使主体来看,在西方国家以及日韩等国多是将司法权赋予法院,也即司法权为法院或法官所专享的权力。如美国《宪法》第3条规定,“合众国的司法权属于最高法院及国会决定与设立的下级法院”;德国《基本法》第92条规定,“司法权付托于法官,由联邦宪法法院、本基本法所规定之各联邦法院及各邦法院分别行使之”;意大利《宪法》第102条规定,“司法职能由按法院组织法规则设置与调整的普通法官行使”;日本《宪法》第76条规定,“一切司法权属于最高法院及由法律规定设置的下级法院”;韩国《宪法》第101条规定,“(一)司法权属于由法官组成的法院。(二)法院由最高法院、大法院和各级法院组成。(三)法官的资格由法律规定”。[③]

从发生学的角度观察,“司法”一词所蕴含的意思,应该是随着规则的产生即有了所谓的“司法”现象,其作为权力的表象,应该是从人类“法律”产生之时即已存在。但作为法学上具有一定特指含义的术语,“司法”一词出现得较晚。在立法、行政、司法不分的时代,这些权力之间并没有严格的界定。在西方国家的两大法系中,英美法系起源于日耳曼法,早期司法机构虽然并不独立,但它的不独立,不是和行政机构合二为一,而是和议会合二为一,英国的议会包括审判职能一直延续到了20世纪末。大陆法系起源于古代希腊法和罗马法,而早期的古希腊法和古罗马法,司法机构也不是完全

① 所谓区别于“司法之外的”是指未经法院的处理或者没有经过法官干预的处理。[英]戴维·M.沃克:《牛津法律大辞典》,李双元等译,法律出版社2003年版,第485页。

② 薛波主编:《元照英美法词典》,北京大学出版社2013年版,第582页。

③ 石茂生:《司法及司法权含义之探讨》,载《河北法学》2012年第2期。

独立的,但它同样是和议会合在一起的;古希腊的立法机构公民大会,遇到有重大案件要审理时,就变成了陪审法庭。

司法,简单地说,是指运用法律处理具体案件的活动。当然,这一理解过于简单。具体地说,司法有狭义和广义之分:狭义的司法是指法官运用法律对诉争案件进行法的判断和处理,以诉争法律关系的存在和当事人的告发为前提,包括普通司法和宪法诉讼。广义的司法包括宪法诉讼中的抽象性规范审查(审查法律、法规和规章等的合宪性问题),以告发或提请审查为前提,但不一定有诉争法律关系的存在和当事人权益损害的事实。除此之外,法官的释法和释宪活动等也属于司法的范围。值得注意的是,新中国成立后,我国借鉴苏联的做法,自20世纪50年代始,设立了专门的检察机构,实行审检分离,审判机关和检察机关各自独立行使职权又相互制约,形成了与西方近现代意义不同的司法权概念和司法权制度。① 我国法学通说认为,司法机关包括法院和检察院,全国人大及党中央的一系列文件也均将检察院列入司法机关范围之内。本书所论述的主要是司法机关中的人民法院,如无特殊说明,本书以下所指的司法机关,主要是指人民法院。

司法权,即法官对法律形成和法律执行过程中出现的争议事件进行判断的权力,具体包括个案争议的处理权、宪法和法律解释权以及法规合宪性判断权等。在前近代社会,国家权力集中于国王和皇帝,国家虽有司法的职能,但无独立形态的司法权。近代以来,随着分权学说的问世和以美国为代表的分权政府体制的建立,司法权逐渐分离出来。从国家的职能分工上看,司法权始终并主要是一种

① 在苏联等社会主义国家,司法不仅包括审判制度,而且包括检察制度,司法权由审判权和检察权共同组成。而且,苏联的检察权不仅包括对案件的侦查、起诉权,而且包括广泛的法律监督权。参见肖扬:《当代司法制度的理论与实践》,载《中国司法评论》2001年第1期。

法的判断性权力，正如汉密尔顿在《联邦党人文集》中指出，在立法机关、行政机关和司法机关中，司法机关是最弱的一个部门。因为行政机关不仅具有荣誉、地位的分配权，而且掌握着社会的武力。立法机关不仅掌握财政，而且制定公民权利义务的准则。而司法机关既无军权又无财权，不能支配社会的力量和财富，且不能主动行为，具有被动性。因此，司法机关既无强制又无意志，只有判断，并且为了实施其判断还需要借助其他部门的力量。

二、司法权的性质和特点

（一）司法权是判断性权力

司法权是一种法的判断性权力，首先，必须以法律形成和法律执行中的争议存在为前提，属于后位性权力；其次，判断源于法上请求权，遵循不告不理原则，没有当事人的起诉、上诉或者申诉，法院不会主动受理任何一起案件，不能主动对任何一项争端进行裁判活动，也不能主动干预社会生活，而只能在有人向其提出诉讼请求以后，才能实施司法裁判行为，①因此司法权属于被动性权力；再次，判断应该是介于“两造”之间，属于中立性权力；最后，司法权属于后位性权力仅仅是在国家职能的分工和先后顺序上的定位，正是司法权的后位性或“最后说话的权力”，决定了司法判断的终局性。因为立法规范对社会关系的调整仅仅基于盖然的预测与或然的判断，不管立法多么具有超前性和具体性也赶不上社会的可变性和复杂性；行政权介于立法权和司法权之间，始终处于“运动员”的角色，既要服从法律又要接受裁判。同时，宪法的根本法地位决定了普通立法必须合宪；所以，法律的合宪性问题，行政执法的合法性与合宪性问题以及私人之间的纠纷裁决问题等，都得由司法进行审查和裁决。

① 参见陈瑞华：《看得见的正义》，中国法制出版社2002年版，第35页。

我国为单一制国家，与西方国家的政治制度有根本不同。但从司法权的行为特征来看，我国的司法权亦应为判断权。这一点不仅已为我国理论界、实务界所认可，而且得到了执政党的认可。中共中央总书记习近平同志于 2014 年 1 月在中央政法工作会议上提出，司法活动具有特殊的性质和规律，司法权是对案件事实和法律的判断权和裁决权，要求司法人员具有相应的实践经历和社会阅历，具有良好的法律专业素养和司法职业操守。司法权之所以是判断权，在于其根本任务是在发生矛盾的当事人之间作出判断，既不同于制定规则的立法权，亦不同于推行规则的行政权。沈家本曾言："人不能无群，有群斯有争，有争斯有讼，争讼不已，人民将失其治安，裁判者，平争讼而治安者也。"[①]我国自 1949 年以后，立法、行政、司法各司其职，但在此之外，我国还设了司法部。我国的司法部并不掌管司法权，而是主管一部分与司法有关的行政事务，司法部的部门性质归属于行政机关本身即表明了这一点，同时也显示出我国的司法观念中有较强的行政色彩。但最终来讲，司法权应为判断权。

（二）司法权的民主性

在西方社会，司法民主同司法本身一样，具有悠久的历史传统。在古希腊时期，公民大会作为城邦国家的最高权力机关，同时也享有最高司法权力。英美国家普通法传统的三大原则之一就是公民陪审团原则。[②] 这一原则所保护的法律利益不仅是被告人的，而且是人民的。杰斐逊说，陪审团陪审是"人民自己进行的审判"。[③] 托克维尔更明确指出："陪审制首先是一种政治制度，应当把它看成是

① 沈家本：《历代刑法考》，商务印书馆 2012 年版，第 2235 页。

② 另外两个原则是遵循先例原则和法律至上原则。

③ 转引自［美］阿希尔·里德·阿马：《宪法与刑事诉讼：基本原理》，房保国译，中国政法大学出版社 2006 年版，第 227 页。

人民主权的一种形式。”①所以，在美国人看来，公民陪审不仅是被告人的正当程序权利，而且是人民的民主权利，并且在公民基本权利体系中处于核心地位。正如美国学者阿马所说：“在我们的权利法案中，没有什么理念比陪审团更核心的了。”②也因如此，在 1776 年北美独立之后到 1787 年美国《宪法》出台之前的 10 多年间，所有州宪法规定的唯一权利就是在刑事案件中被告人享有受到陪审团审判的权利。美国《宪法》前 10 条修正案中就有 3 条(5、6、7)规定了大陪审团、小陪审团和民事陪审团。陪审团与法官在个案审判中的分工为：前者认定事实——事实审，后者适用法律——法律审。阿马还比照国会两院制提出了司法的二元分立制约的理论。他认为，国会参众两院代表了两个平等的分支，一个在上面一个在下面；司法也是一样，法官构成了两院制司法的上层分支，陪审团则是司法的下层分支。③ 在刑事案件中，没有陪审团参与的审判不是一个合法的法庭，陪审团认定被告无罪，法官不能推翻。④

大陆法系国家也有人民陪审员制度，不同的是，人民陪审员与法官共同组成合议庭，一并认定事实、适用法律、裁决案件。中国和日本等也仿行大陆法系的做法建立了类似的制度。从实践层面上看，因为这一模式强调人民陪审员与法官共同合议，如果制度设计不合理，人民陪审员的司法权可能会流于形式，人民陪而不审、审而不决，最终成为法官的附庸，致使这一制度的合理性受到质疑。1996 年以来，日本的司法改革进一步强化司法民主原则。他们提出了市民主权和市场法则的司法改革理念。用市民主权取代法官的

---

① [法]托克维尔：《论美国的民主》(上卷)，董果良译，商务印书馆 2013 年版，第 315 页。

② [美]阿希尔·里德·阿马：《宪法与刑事诉讼：基本原理》，房保国译，中国政法大学出版社 2006 年版，第 227 页。

③ 同上书，第 300 页。

④ 同上书，第 233 页。

特权,用竞争法则打破律师的垄断,并在此基础上建立新当事人主义,即当事人作为法律服务的顾客和消费者有权通过非诉讼纠纷解决程序(ADR)选择纠纷解决机制,通过法律家一元制和非法律家参与制来选择案件裁判官,通过协商合意选择案件处理结果等。①

司法民主是人民主权在司法领域中的体现,标定了司法的政治基础,涉及司法权的来源和司法权内部结构的民主性问题,以及人民参与司法的原则、程序和方式等。具体地说,司法民主,首先是指司法权源于人民的授予,如美国和瑞士部分州的法官由人民选举产生、日本法官由选民定期确认、中国各级法院的法官由人大及其常委会选举和任命等;其次是指司法活动受人民监督,如审判公开、信息公开、司法听证、人民陪审、律师自治等;最后是指纠纷解决机制的多元化和可替代性。

三、我国司法权的中央属性

从司法权的权力来源来看,司法权是国家权力的重要组成部分;从行使主体来看,我国《宪法》明文规定"中华人民共和国人民法院是国家的审判机关",其强调法院是国家的审判机关而非地方的审判机关;从运行依据来看,司法权的行使依据主要是法律,地方性法规等下位规范性文件在与法律相冲突时,应当适用法律,而法律是经过全国人民代表大会或其常委会制定的,是代表国家制定的。因此,司法权是判断权的这一定性也决定了其中央属性,是国家权力体系中的裁判性、终极性和中立性权力。② 正如有学者指出的那样,从权力特征来看,司法权是公权力,是国家职能的表现,是由主

① 参见季卫东:《宪政新论——全球化时代的法与社会变迁》(第2版),北京大学出版社2005年版,第428~442页。

② 参见汪进元:《法治模式论》,载《现代法学》1999年第2期。

权派生的,是国家主权的象征和组成部分;①与行政权相比,司法权既不能转让,也不能授权,因此不会有所谓的"地方司法"或"授权司法";②尽管审级和管辖范围不同,司法权主要由设置在地方上的法院行使,但地方各级法院是代表国家在行使司法权,适用的是统一的法律规范,平等保护各方当事人利益,具有明显的中央性特征。③

从法院所作判决的效力范围来看,司法权的权力属性显然也是中央权力,因为即使是地方法院作出的生效判决,其效力也及于全国其他各个地方,并不仅仅是在地方法院管辖范围内生效。因此,我们所说的司法权的中央属性,其中"中央"二字,并不仅仅是一个政治概念,还具有地理上的概念,表明了司法权效力所及领域的普遍性。正因如此,我们才强调要破除地方保护主义,要去除司法的地方化弊端,避免使司法成为地方利益的庇护者、代言人。

但需要说明的是,我们所强调的司法权的中央属性,并非从利益划分的角度来衡量的,而是指司法权是国家权力的集中体现,④因此不会出现有学者所说的主张司法权的中央属性会导致简单的司法工具主义,传统"刀把子论"盛行。因为无论采用哪一种观点,司法的公正性始终是司法权追求的目标,司法权的中央属性与其他观点的区别也仅仅是在权力来源、司法权的运行方式等方面。况且,我国所实行的司法改革已经进入"深水区"。目前所实行的改革方式是在各地人民法院进行试点,通过国家的顶层设计,从上至下强行推进。我们强调司法权的中央属性,加强顶层设计,可以使执政

---

① 参见王利明:《司法改革研究》(修订本),法律出版社2002年版,第8页。

② 参见刘作翔:《中国司法地方保护主义之批判——兼论"司法权国家化"的司法改革思路》,载《法学研究》2003年第1期。

③ 参见王旭:《论司法权的中央化》,载《战略与管理》2001年第5期。

④ 参见刘作翔:《中国司法地方保护主义之批判——兼论"司法权国家化"的司法改革思路》,载《法学研究》2003年第1期。

党站在国家权力结构划分和政治体制改革的高度来重视司法改革，将司法改革作为政治体制改革的一个重要组成部分来推行。

第二节　司法权的基本功能

理论界对于司法权的功能包括哪些内容，一直没有较为统一的观点。有学者从法官的角度认为司法权的功能是在解决权利冲突与纠纷的各种制度方式中，通过法官对事实问题和法律问题的判断，排除法律在运行中的障碍，以维护法的价值的一项功能。[①] 有学者从法院的角度认为司法权的功能包括直接功能和延伸功能，直接功能解决纠纷，延伸功能主要包括控制功能、权力制约功能和公共政策制定功能等。[②] 还有学者认为司法权的功能由原始功能和衍生功能组成，前者指纠纷的解决，后者包括维护法律与规则创设、权力制约与权利保障、社会控制与政策推进等。[③] 也有学者认为司法权的功能包括三项，主要是解决纠纷、配置权力和维护法律的统一。[④] 但无论是哪一种观点，将解决社会纠纷作为司法权的一项基本功能，通过个案的处理，让法律在社会活动中得以运用，从而维护人民群众的合法权利，应该是没有异议的。但解决纠纷的功能并非司法权所特有的功能，调解机制、仲裁机制等同样可以解决纠纷，而且有时候会比运用司法权解决纠纷更为便捷、资源耗费量更小。那么，为何又必须引进司法权的控制，在司法改革阻力如此之大的情况下，仍然坚持推进司法改革呢？这不仅是因为司法权具有后位性、被动性、中立性和终极性等特点，还因为司法权的中立性和民主性

① 参见孙万胜：《司法权的法理之维》，法律出版社 2002 年版，第 32 页。

② 参见左卫民：《法院制度功能之比较研究》，载《现代法学》2001 年第 1 期。

③ 参见蒋红珍、李学尧：《论司法的原初与衍生功能》，载《法学论坛》2004 年第 2 期。

④ 参见姚莉：《功能与结构：法院制度比较研究》，载《法商研究》2003 年第 2 期。

涉及司法权与立法和行政两权的关系，尤其是在司法权的功能中，涉及司法裁决是法的判断还是法的创制、司法诉求是要实现个案正义还是社会正义、法官地位是中立的裁判者还是不同立场的表达者等问题。

一、司法裁决：是法的判断还是法的创制

司法权作为一种法的判断权，是否仅仅是一种判断性权力？对这一问题的回答，在英美法系国家和大陆法系国家，以及在合宪性审查制度产生之前和之后，答案都是不一样的。

在英美法系国家，遵循先例是普通法的一项基本原则，是法官办案的基准。他们崇尚进化理性主义，对司法经验情有独钟，将司法判例视为法的主要渊源。他们认为："遵循先例之所以成功，主要在于它糅合了确定性与进化性之双重功能。"①确定性意味着在合理的限度内，法院根据普通法的原理和规则以类比推理断案，并根据已知的技巧发展法律；进化性保证法律原则不存在永恒的权威，当一些新的案件出现时，通过司法的演进过程证明法律原则所体现的正义程度，并通过衡平的方法予以矫正，进而创造和更新法律原则。② 在他们看来，"试图将发现法律、解释法律、适用法律的职能分离开来的努力是徒劳无益的"。③ 与此相反，大陆法系国家崇尚建构理性主义，认为人的理性是无限的，法的确定性和真理性可以通过创造一个完整的原则体系以及针对这些原则的适用所形成的有逻辑的法律解释体系来获得。所以，法官办案首先考虑的是法律条文，而不是司法前例。法国拿破仑时期的《民法典》第 5 条就明确规

① ［美］罗斯科·庞德：《普通法的精神》，唐前宏等译，法律出版社 2010 年版，第 128 页。

② 同上。

③ 同上书，第 126 页。

定："法官对于其审理的案件，不得用确立一般规则的方式进行判决，亦不得用遵循先例的方式进行判决。"①此条规定明确否定了法官的立法功能，同时也否定了遵循先例原则。比较而言，在英美法系国家，司法的功能始终包含法的发现、法的解释和法的判断等多重含义。也就是说，司法既是一种法的判断，也是一种法的创制。当然，也有人认为："司法适用法律的判断，仅仅是对符合逻辑的、潜在的、预先存在的东西之一种发现。因此，判例不能创造什么（法律），它仅仅是明证（已经存在的法律）。"②不过，在大陆法系国家，至少是在现代早期以前，司法仅仅是一种法的判断，法官只能严格依据成文法的规定处理诉争案件。

更值得注意的是：1803 年马伯里诉麦迪逊一案之后，美国建立了违宪的司法审查制度，法官有权宣布国会制定的法律违宪无效。主审法官马歇尔在此案的审理中还确立了"法律是什么？法院说了算"的原则。此外，该案还意味着法官不仅有普通法的创制功能，而且还有宪法的创制功能（因为 1787 年美国《宪法》没有规定普通法院的违宪审查权）。之后，美国联邦最高法院对普莱西案、洛克纳案、格里斯案、罗伊案等的判决，表明法官对宪法权利规范的扩展和完善。同理，自 20 世纪初，以奥地利和德国为代表的大陆法系国家建立了宪法法院，审查议会立法的合宪性问题，有权宣布违宪的法律无效，宪法法官的立法功能无疑突破了大陆法系国家传统意义上的司法功能。所以，凯尔森视宪法法院为国会的第三院，行使消极的立法权。新近的学说进一步指出，宪法法院不仅享有消极的立法权，而且还有积极的代位立法权和立宪权，因为宪法法院通过警告性判决和裁定，宣告法律内容与宪法意旨不符，

① ［美］罗斯科·庞德：《普通法的精神》，唐前宏等译，法律出版社 2010 年版，第 127 页。

② 同上。

或者直接指示立法机关如何修法，或者指出立法机关立法不作为违反了宪法的立法委托，甚至以判决的方式创设了许多宪法位阶的规范，等等。

二、司法诉求：是要实现个案正义还是社会正义

亚里士多德将正义分为“分配正义”和“矫正正义”。“分配正义”就是中间，必须合乎比例，也称“比例正义”，不公正，就是违反了比例，需要矫正；“矫正正义”就是所得和损失的中间，裁判者就是中间的化身。所以，实现“分配正义”是立法的功能，“矫正正义”的功能当然是由司法来完成。① 从理论逻辑上看，立法的首要任务是：将纷繁复杂的社会现象以及相互冲突的个体利益，重新组合成一个结构严密的价值体系，并通过规范和制度表现出来，以拘束社会成员的个人行为。所以，“分配正义”抑或立法正义，代表的是社会正义。司法的首要任务是：通过个案审理，矫正社会个体行为对立法设定的应然价值和规范的偏离，保证受损一方当事人的利益得到赔偿和补偿。正如博登海默所言：“当一条分配正义的规范被一个社会成员违反时，平均正义便开始起作用。”②因此，“矫正正义”或者“平均正义”属于个案正义。

按照亚里士多德的正义“二分”观，似乎个案正义属于司法独有的价值；但是，随着法官造法和合宪性审查等制度的出现，司法的个案正义也开始受到质疑。首先，立法、行政和司法的职能分工只是相对的。在英美法系国家，法的主要渊源是司法判例，遵循先例是司法的一项基本原则，因此，裁判者也扮演着维护社会正义的角色。

---

① 参见［古希腊］亚里士多德：《尼各马可伦理学》，王旭凤、陈晓旭译，江西教育出版社2014年版，第92～100页。

② ［美］博登海默：《法理学—法哲学及其方法》，邓正来、姬敬武译，华夏出版社1987年版，第256页。

其次,违宪的司法审查制度形成之后,宪法法官通过宪法司法弥补立法缺失和漏洞、矫正行政过错和不当、裁定违宪的法律和行为无效。可见,宪法法官的立法甚至立宪相比立法机关的制定法而言,在实现社会正义方面,更具有权威性。再次,法官适用法律时,也不是"自动售货机",司法过程包括事实认定、价值判断、规范选择、法律解释和法律适用等,历史传统、社会现实和法官前见等因素或明或暗地影响和制约着法官的判断和选择。最后,严格意义的制定法总是具有滞后性,因为立法者的理性有限以及社会现实的复杂多变,法律设定的社会价值也需要在司法过程中更新和现实化。美国联邦最高法院大法官卡多佐十分推崇布兰代斯大法官的司法哲学,认为他的判例充满了"反映时代影响、社会、商业以及政治的当前情况"。[①] 庞德则主张"行动中的法律""无法司法",他说:"为了使司法适应新的道德观念和变化了的社会和政治条件,有时或多或少采取无法的司法是必要的。"[②]德沃金在《法律帝国》一书中提出了"法律的整体性"观念,他指出:"作为整体的法律认为法律陈述既非因袭主义回顾过去事实的报告,又非法律实用主义展望未来的工具式的纲领。它坚持认为,法律的要求是阐释性的判断,因此将回顾与展望的因素合在一起。"[③]在他看来,法官在解释和适用法律时,应该注意历史、现实与未来的统一,以及价值、规范与事实的融通。

三、法官地位:是中立的裁判者还是不同立场的表达者

如何做到法官中立始终存在价值与规范的矛盾、理想与现实的

---

① [美]本杰明·N. 卡多佐:《法律的成长》,李红勃、李璐怡译,北京大学出版社2014年版,第66页。

② [美]罗斯科·庞德:《依法审判》,载《哥伦比亚法律评论》1914年第14期。

③ [美]R. 德沃金:《法律帝国》,李常青译,中国大百科全书出版社1996年版,第225页。

冲突,因为任何一位法官都是特定社会的人,任何一个社会总是历史积淀的存在,也是多元文化的统合体。历史积淀预示着法官的前见,多元文化决定着法官的偏好,所有这些问题都会影响司法权的地位和功能。一方面,法官中立是理解司法权之地位和功能的关键所在;另一方面,法官中立也需要通过制度的外力拘束和法官的道德自律来强化其良知与责任。因此,西方国家为了保证法官的中立,在法院设置、法官遴选以及法官的身份、地位和待遇等方面建立了相当完善的制度;同时,还在司法程序方面设立了限制性规则,如审判公开、回避制度等。在法官的道德自律方面,通过法律家一元主义的用人原则,提升法官的道德修为和法律良知;通过高薪制、特权制和退休不减薪等方法促使法官廉洁、清明和公正。但是,法官也是人,如何保证法官将“生活中的自我”与“法律中的超我”严格区别开来,让法官在审理案件时能够严格按照宪法和法律作出客观公正的判断,实属不易。所以,追求法官的绝对中立永远只是一个神话。

从实践层面上看,以英美为代表的很多国家由总统或首相提请任命法官,而总统和首相作为政党领袖无不优先考虑提名本党党员;同时英美国家法律也没有法官被任命之后必须脱党的硬性规定。所以,法官的党派性在所难免。根据达尔的研究,美国联邦最高法院平均每22个月就有一位大法官出缺,一名总统在两届8年的任期内,平均可以任命4位大法官。所以,美国总统利用提名权和任命权改变最高法院的价值观和政治信仰,是不争的事实。① 例如,在罗斯福新政时期,联邦最高法院于1935~1936年连续否决了《全国工业复兴法》和《农业调整法》等多部新政法案。罗斯福在1936年11月竞选连任后,第一件事就是实施“填塞法院计划”,这样迫使最

① 参见汤德宗、廖福特主编:《宪法解释之理论与实务》(第4辑),台湾研究院法律学研究所筹备处2005年版,第507页。

高法院由反对新政到俯首支持。又如2000年的美国总统大选，共和党的布什与民主党的戈尔因佛罗里达州选票计算纠纷，在佛罗里达州最高法院审理时，该州有7位大法官是民主党人，戈尔胜诉；但是，到了联邦最高法院时，该院9位大法官中有5位是共和党总统任命的，最终布什胜诉。[①] 所以，法官的中立性永远只是相对的，英美国家法官摆脱不了党派的操控，也免不了政治附庸的嫌疑。

四、辩证对待：司法权的保权功能

让司法名副其实，是司法改革的重大使命。中国的法治建设今天面临的最紧迫也最难解决的问题，与其说是重修宪法和法律，写进去更多更好的条款，不如说是通过一系列制度性安排和创造一种可能的社会环境，使业已载入宪法和法律的那些基本价值、原则逐步得到实现，从而实现司法的保权功能。而后一种任务，正是司法改革和公正司法的核心内容。

在我国的现实国情下，司法权的基本性质虽然是判断权，但由于社会生活的复杂多变，法律的规定永远不可能跟上时代变化的步伐，即使是一部技术高度发达、逻辑高度严密的法律，也不可能预期到民众的所有行为。因此在改革的过程中，我们也应当重视司法权的规则创制功能，注意到在正式的法律以外必然存在诸多习俗于无形中约束着民众的行为。正如哈耶克所言，"任何法律法规的实行，如果没有习惯的支持，就必然需要使用更大的国家强制力对其加以支持"。[②] 正因如此，我们才需要最高人民法院发布指导性案例，需要法官灵活适用法律，通过司法权的规则创制功能对一些法律漏洞

---

① 参见[美]罗伯特·麦克罗斯基：《美国最高法院》(第3版)，任东来等译，中国政法大学出版社2005年版，中译本序言。

② [英]弗里德利希·冯·哈耶克：《个人主义与经济秩序》，邓正来编译，复旦大学出版社2012年版，第23页。

进行填补。当然,对此我们应该注意司法权在行使过程中对国家政策的考量问题。政策是国家和政党为完成一定时期的任务而制定和推行的活动目标和准则,具有抽象性、灵活性和可变性。从理论上说,司法是法官适用法律处理具体案件的活动,政策不能适用于司法。而我国一向有依据政策办案的传统,前几年,和谐司法的政策在司法中就有充分的体现。但司法政策在司法办案中应该慎用,否则便达不到保障公民权利的应有效果。①

对于司法权的行使是要实现个案正义还是社会正义,同样不能采取非此即彼的态度来看待这个问题。现代社会,诉讼犹如一条通道,民众各种法律上的请求可以通过这条通道获得相应的救济。可以说,司法权的最终目的就在于保障民众各种合法利益的实现。一方面通过对各类冲突的中立判断,确立最普遍的社会利益;另一方面通过权利维护和法庭裁决对形形色色的个人要求进行鉴别,确立每个公民各自所应享有的权利以及应承担的义务。正因如此,现代法治国家对人权的保障基本实行司法一元主义,司法被认为是人权保障的最后防线,民众的应然性权利能否以及在多大程度上能够转化为实然性权利,关键在于司法。但个案正义与社会正义是包含与被包含的关系,实现个案正义,不能以违背社会正义为前提。因此,在司法实践中,法官应当自觉关注社会的发展变化及影响,寻求依法审判与案结事了的平衡点,在不破坏形式上合法的基本精神的同时,拓展社会正义,最大限度实现案结事了。②

习近平总书记提出,一个国家实行什么样的司法制度,归根到底是由这个国家的国情决定的。评价一个国家的司法制度,关键看

---

① 参见汪进元:《基本权利的保护范围——构成、限制及其合宪性》,法律出版社2013年版,第62~63页。

② 参见岳彩领、杜月秋:《从依法审判到案结事了——审视当下中国实用主义司法哲学观》,载《学海》2014年第2期。

是否符合国情、能否解决本国实际问题，中国司法的发展主要取决于中国政治民主化的发展。司法深受服务于社会主义现代化建设这一根本目标的指引，并根据不同的政治发展节点调整其政治职能，从而在根本上确保与中央在政治思想上保持一致。人民法院的发展与进步必须在中国现行政治体制、政治架构之内进行，并要自觉接受中国现行政治结构的影响。忽视这一客观现实而构想出来的任何一种司法改革方案都是没有社会现实基础的，都只能成为"一厢情愿"。我们应认识到，改革的基本前提是不能脱离党的领导，应当在党的领导下逐步完善我国的司法制度。一方面，我国的司法制度总体上与社会主义初级阶段的基本国情相适应，符合人民民主专政的国体和人民代表大会制度的政体；另一方面，在现实的情境下，权力之"虎患"并不鲜见，未能认真对待权利的情况时常发生。随着现代社会的快速发展，政府公共事业的范围也在不断扩大，相应的国家行政职能与行政目的也日趋增多增强，以往国家对行政秩序的消极维持，逐渐转向运用法律手段予以积极、主动的干涉。[①] 因此，随着改革开放的不断深入，特别是社会主义市场经济的发展、依法治国基本方略的全面落实和民众司法需求的日益增长，我国的司法制度也迫切需要改革、完善和发展。

第三节　当代中国司法制度的形成与发展

党的十八大、十八届三中全会和四中全会对新一轮的司法改革提出了全新的顶层设计。站在新的起点上，回顾我国司法改革所经历的发展阶段和主要特征，总结经验，找出问题，展望前景，对于我们当前开展司法权配置与运行机制改革，加快建设社会主义法治国

① 参见刘艳红：《空白刑法规范的罪刑法定机能——以现代法治国家为背景的分析》，载《中国法学》2004 年第 4 期。

家,具有重大的理论和实践意义。

一、改革开放前司法制度发展的曲折历程

我国自党的十一届三中全会实施改革开放以来所进行的司法改革,应该说与我国的司法制度发展历程有密切联系。梳理改革开放以来司法改革所取得的改革成果,有必要追溯新中国成立之初司法制度发展的曲折历程。在这一期间,有些标志性事件对后来的司法事业发展方向具有重大影响,其中也可以看出我国司法制度发展的曲折历程。

(一)全面废除“六法全书”

新中国成立后,提出要打碎旧的国家机器,司法机关作为国家机器之一种,当然也包括在内。而“六法全书”是民国时期国民政府司法运作的法律基础,在当时的情况下,我们提出要建设新中国的人民司法制度,就必须废除以“六法全书”体系为主体的司法制度。在这种思想的指导下,1949 年 2 月,中共中央发出了《中共中央关于废除国民党的六法全书与确立解放区的司法原则的指示》,其中规定:“在无产阶级领导的工农联盟为主体的人民民主专政政权下,国民党的六法全书应该废除。人民的司法工作,不能再以国民党的六法全书为依据,而应该以人民的新的法律作依据。在人民新的法律还没有系统地发布以前,应该以共产党政策以及人民政府与人民解放军所已发布的各种纲领、法律、条例、决议作依据。目前,在人民的法律还不完备的情况下,司法机关的办事原则,应该是:有纲领、法律、命令、条例、决议规定者,从纲领、法律、命令、条例、决议之规定;无纲领、法律、命令、条例、决议规定者,从新民主主义的政策。同时,司法机关应该经常以蔑视和批判六法全书及国民党其他一切反动的法律法令的精神,以蔑视和批判欧美日本资本主义国家一切反人民法律、法令的精神,以学习和掌握马列主义—毛泽东思想的国家观、法律观及新民主主义的政策、纲领、法律、命令、条例、决议

的办法，来教育和改造司法干部。”从上述内容可以看出，人民的司法机关从事司法活动的基本前提是不再以“六法全书”为依据，而是以人民的新的法律为依据；在没有新的法律依据的情况下，要依据新民主主义政策。上述前提和适用法律的基本原则，在相当长的时期内成为新中国司法活动的基本准则，对我国的法律与司法发展产生了深远影响。1949 年 9 月召开的中国人民政治协商会议通过了共同纲领，其中第 17 条明确规定：“废除国民党反动政府一切压迫人民的法律、法令和司法制度，制定保护人民的法律、法令，建立人民司法制度。”由于共同纲领具有临时宪法的地位，因此，上述适用法律的基本原则实际上已经上升到国家根本大法的地位。

（二）新中国成立初期的司法改革运动

在新中国成立前夕，中共中央就曾要求原国民政府时期的推事、检察官、书记官一律停止原来的职务，在打碎旧的反动国家机器之前，要去掉上述所有人员的职务。但这一政策未能在当时有效推行。新中国成立之初，受过旧法教育或在旧政权下担任司法职务的经历，并未构成从事司法工作的障碍；相反，有些地方政府在公开招聘司法人员的时候，甚至把受过旧法教育作为应聘人员的优势条件。比如，1949 年 8 月，苏南行政公署公开向社会招收司法干训班学员，报考条件就要求“甲、大学法律系毕业或曾任旧司法官者；乙、律师或曾任律师帮办对旧法有专门研究者”。这里的司法干训班是当时为改造旧的司法人员而进行的干部培训。在 1949 年至 1952 年，绝大部分旧司法人员一面继续担任原来的工作，一面接受思想改造，他们通常是到北京的新法学研究院或地方的司法干训班接受培训。3 年间，全国大约有 4000 名旧司法人员参加了培训。①但是，为了进一步肃清旧法观点的影响，中央于 1952 年 6 月至 1953

① 参见曹全来：《历史、理论与实践：中国国情与司法改革》，人民法院出版社 2011 年版，第 26 页。

年2月开展了新中国初期的第一次司法改革运动,旨在从思想上、政治上、组织上整顿和纯洁各级人民法院工作,清除残存的旧法观点和作风,有系统地逐步建立和健全新的人民司法制度。经政务院批准设立的政法委员会在1952年下半年的工作要点中,就把司法改革放在了中心位置,指出:"在三反运动胜利的基础上,清除一切堕落蜕化和恶习甚至不堪改造的分子,肃清反动的司法作风的残余,彻底改造和整顿各级人民法院,从政治上、组织上、思想作风上保持和提高人民法院的纯洁性。"①由此,此次司法改革运动逐步在全国各地区法院展开,直至1953年2月结束。此次司法改革运动中,中共中央的目的是重点解决以下两个问题:一是思想改造,肃清旧法观点,也即国民政府时期的"六法全书"及其法律观。二是人员整顿,"旧推、检人员不得任人民法院的审判员,旧司法人员未经彻底改造和严格考验者,不得做审判工作"。② 经过此次改革运动,约占全部司法人员1/3,数量约6000名曾在原国民政府时期任职的"旧人员"被全部调离审判工作岗位,同时中央又确定了今后司法人员的来源:(1)骨干干部,应选派一部分较老的同志到法院担任领导骨干;(2)青年知识分子;(3)"五反"运动中的工人、店员积极分子;(4)土改工作队和农民中的积极分子;(5)转业建设的革命军人;(6)人民法庭的干部。在1952年5月,最高人民法院有关领导又给各大行政区的负责人写信,主张将失业工人和残疾军人充实到各级法院。③ 当时确立的部队转业军人进法院的政策,直至现在,仍然在施行。比如X市中级人民法院,每年都会有数名转业军人(主要是团级上下的干部)进入法院,同其他初任法官一起进入法官培训学

① 彭真:《论新中国的政法工作》,中央文献出版社1992年版,第70页。

② 《董必武法学文集》,法律出版社2001年版,第121~122页。

③ 参见曹全来:《历史、理论与实践:中国国情与司法改革》,人民法院出版社2011年版,第26页。

院参加培训(但培训内容不一致),待他们通过国家司法考试(现为法律职业资格考试)之后,即可进入审判岗位从事审判工作。在这场运动之后,党对司法工作的领导得到了明确强化,并逐步走上制度化轨道。政务院政法委员会在1953年3月14日就加强司法工作和司法建设给毛泽东主席和中共中央的报告中,建议“县以上各级党委,应加强对政法工作的领导与检查,并指定一个常委管理司法工作。司法机关负责同志应主动及时向党委反映情况,严格遵守请示报告制度,以取得党委的密切领导。党委讨论有关司法工作的问题时,应尽可能吸收司法部门党员负责同志参加”。同年4月7日,中共中央原则上批准此报告,并下发全党参照执行。[①] 由此,党对司法工作的领导作为一种机制,在此次司法改革运动之后正式确立下来,并影响至今。

二、改革开放后司法制度的恢复与重建

结合历史上的实际情况看,法律虚无主义并非没有法律,而是将法律作为形式主义的存在或政治的工具使用。1972年中央决定恢复各级审判机关,撤销军管会对司法权的控制,但司法原则并未被严格遵循,甚至1975年的《宪法》也未能改变这一状况。直至1978年十一届三中全会的召开,我国的司法制度建设才逐步进入正轨。1978年12月,邓小平指出:“为了保障人民民主,必须加强法制。必须使民主制度化、法律化,使这种法律和制度不因领导人的改变而改变,不因领导人看法和注意力的改变而改变。”并强调要“有法可依,有法必依,执法必严,违法必究”。[②] 随后召开的党的十一届三中全会提出实行社会主义法治的指导方针,强调“检察机关和司法机关要保持应有的独立性;要忠实于法律和制度,忠实于人

① 参见彭真:《论新中国的政法工作》,中央文献出版社1992年版,第75页。

② 《邓小平文选》(第2卷),人民出版社1994年版,第146~147页。

民利益,忠实于事实真相;要保证人民在自己的法律面前人人平等,不允许任何人有超越法律之上的特权”。① 党的十一届三中全会所确立的我国法制建设与司法工作的指导方针,有力促进了我国司法制度的恢复和重建,推动了我国法治现代化的时代进程。在这一过程中,主要取得了以下成就:

一是确立了司法法治化的基本方针。首先,1979 年通过了我国第一部《刑法》和《刑事诉讼法》,从实体和程序两个方面把刑事审判工作建立在法治化的基础上。为了贯彻执行这两部法律,中共中央于同年 9 月还专门发出了《关于坚决保证刑法、刑事诉讼法切实实施的指示》,要求各级司法机关严格按照这两部法律办事,不允许以各种理由指令相关部门违反《刑法》规定的法律界限和《刑事诉讼法》规定的司法程序滥行抓捕,或者背离法律规定任意判定加重或减免刑罚。其次,在 1982 年通过了我国现行《宪法》,把十一届三中全会以来我党推进法制建设的成功经验上升为宪法规范,明确提出国家维护社会主义法制的统一和尊严,强调任何组织和个人都不得有超越宪法和法律的特权。

二是建立了党的领导与司法机关独立行使职权有机统一的制度。《关于坚决保证刑法、刑事诉讼法切实实施的指示》指出,要加强党对司法工作的领导,切实保证司法机关行使宪法和法律规定的职权。而强调党委对司法工作的领导,最重要的一条就是切实保证司法机关依法独立行使职权,使司法机关不受其他行政机关、社会团体和个人的干涉。《关于坚决保证刑法、刑事诉讼法切实实施的指示》还宣布取消各级党委审批案件的制度,但要求各级党委成立政法委员会,加强对政法工作的领导和协调。上述党的司法政策在这一时期的国家立法中也得到了充分反映,如 1982 年通过的《民事

① 中共中央文献研究室编:《三中全会以来重要文献选编》(上),中央文献出版社 2011 年版,第 10 页。

诉讼法(试行)》即对依法独立审判作出了与1979年《人民法院组织法》不同的表述,“人民法院依照法律规定对民事案件独立进行审判,不受行政机关、团体和个人的干涉”,这一规定更在1982年《宪法》中上升为宪法原则,成为国家司法体制的基本准则。

三是重建了国家的司法制度。1983年9月,第六届全国人大常委会第二次会议对1979年的《人民法院组织法》进行了修改,明确各级法院按照需要所设的助理审判员,不再由司法行政机关任免,而由各级法院直接任免;并且删去了原来关于“各级人民法院的设置、人员编制和办公机构由司法行政机关另行规定”的条文。关于法院的领导机制,则明确规定实行上级法院对下级法院的监督原则,而非领导原则。1978年召开的第八次全国司法工作会议,曾经提出要在坚持党委统一领导的前提下,加强上级法院对下级法院的领导,监督下级法院的审判工作。但1979年的《人民法院组织法》以及1982年《宪法》并没有规定上下级法院之间的领导关系,而是再一次确认了1954年《宪法》中关于上下级法院之间是监督与被监督关系的规定。因此,通过1979年《人民法院组织法》和1982年《宪法》,我国法院审判组织制度得到了进一步的健全与完善,这对于更加充分地发挥司法职能,起到了积极作用。

三、人民法院司法权配置与运行机制的历史演变

(一)司法管理权配置与运行机制的历史发展

新中国成立初期,根据《中央人民政府组织法》的规定,政务院下设司法部,主管全国的司法行政工作。地方各级司法行政机关的设置,除了在各大行政区设立司法部以外,各省、县(市)的司法行政工作由各地的人民法院司法行政处管理。[①] 1949年12月颁布的《中央人民政府司法部试行组织条例》规定,中央人民政府司法部直接

① 参见张晋藩主编:《中国司法制度史》,人民法院出版社2004年版,第617页。

受政务院领导,并受政务院政治法律委员会的指导,主管全国的司法行政工作。其中涉及法院司法行政事务的主要有以下内容:一是商同最高人民法院和地方各大行政区的人民政府或省人民政府,办理地方审判机关的设置、废止或合并,以及其管辖区域的划分和变更等;二是司法干部的教育培训;三是司法干部的登记、分配、任免;四是全国诉讼案件的种类、数量以及其社会原因等司法统计;五是犯人改造机构的设置、废止、合并以及政策指导和监督等;六是司法经费的厘定等;七是各个地方司法机关司法行政事项以及有关不相适宜的法令、决定等的撤销和纠正;八是各个地方司法行政机关积案的调查事项。由此可见,当时各级人民法院的司法行政工作主要是由司法行政部门进行管理,人民法院只负责审判工作,而不负责司法行政事务的管理工作。

1954 年《宪法》颁布后,中央人民政府司法部改称中华人民共和国司法部,各大行政区的司法部随着大行政区的撤销而撤销。各省、自治区、直辖市设立司法厅、局,专署设立司法处、司法科,县、市、自治县设司法局,负责管理劳动改造、律师、公证、人民调解工作。同年颁行的《人民法院组织法》第 14 条第 3 款规定:“各级人民法院的司法行政工作由司法行政机构管理。”在该法中,有 3 个条文涉及司法行政机关对人民法院司法行政工作的具体管理权限。其中,第 34 条第 2 款规定,“地方各级人民法院助理审判员由上一级司法行政机关任免。最高人民法院助理审判员由司法部任免”。第 35 条第 2 款规定“各级人民法院人民陪审员的名额、任期和产生办法由司法部另行规定”。第 40 条规定“各级人民法院的人员编制和办公机构由司法部另行规定”。

1959 年 4 月 28 日,国务院向第二届全国人大第一次会议提出撤销司法部的议案。该议案认为,虽然司法部在司法改革、设置人民法院、培养人民法院干部等方面做了许多工作,但是由于司法改革已经基本完成、各级人民法院已经健全、人民法院的干部已经充实和加强，司法部已无单独设立之必要。撤销司法部以后，原来由司法部主管的工作，由最高人民法院管理。第二届全国人大第一次会议根据国务院的上述提议，作出了撤销司法部的决议。随着司法部的撤销，各省、自治区、直辖市的司法厅(局)也随之被撤销。司法行政工作由人民法院兼管，从中央到地方，开始实行司法审判与司法行政合一的制度。①

改革开放初期，1979 年 9 月，第五届全国人大常委会第十一次会议又通过设立司法部的决定。同年 10 月，中共中央、国务院发出《关于迅速建立地方司法行政机构的通知》，继而自上而下地开始建立各级司法行政机关。重建后的司法行政机关除负责律师、公证、人民调解、法制宣传等工作外，还负责人民法院司法行政的管理工作。但后来在 1983 年 9 月 2 日，第六届全国人大常委会第二次会议通过了《全国人民代表大会常务委员会关于修改〈中华人民共和国人民法院组织法〉的决定》，删除了各级人民法院的司法行政工作由司法行政机关管理等规定。由此，人民法院的司法行政工作管理机制发生了重大变动，人民法院的司法行政工作不再由司法行政机关进行管理，而是由人民法院自己负责管理，该机制一直沿用至今。

(二)审判权配置与运行机制的历史发展

1949 年 9 月召开的中国人民政治协商会议第一届全体会议，通过了《中央人民政府组织法》，其中第 26 条规定："最高人民法院为全国最高审判机关，并负责领导和监督全国各级审判机关的审判工作。"1949 年 10 月 1 日，中央人民政府召开第一次会议，决定任命沈钧儒为最高人民法院院长。1949 年 12 月，中央人民政府委员会批准《最高人民法院试行组织条例》，规定最高人民法院设院长 1 人，副院长 2～3 人，委员 13～21 人，秘书长 1 人，由中央人民政府委员会任命之；最高人民法院设民事审判庭、刑事审判庭，于必要时可以

① 参见张晋藩主编：《中国司法制度史》，人民法院出版社 2004 年版，第 617 页。

设置其他专门审判庭,庭设庭长1人,副庭长2人;最高人民法院于必要时得呈请中央人民政府委员会设立分院或分庭。1950年7月,政务院颁布《人民法庭组织通则》,规定人民法庭有权逮捕、拘禁并判决被告死刑、徒刑、没收财产、劳役、当众悔过或宣告无罪,但是判处死刑、没收财产及5年以上徒刑的案件,批准权属于省人民政府;不足5年的徒刑以及宣告无罪的判决,则由县人民政府批准。由此可见,当时我国实行的是审判从属于行政的机制,审判组织的决议要经过政府的批准。1951年9月,中央人民政府委员会第十二次会议通过《人民法院暂行组织条例》,规定人民法院的组织体系为县级人民法院、省级人民法院和最高人民法院三级,实行三级两审终审制,特殊情况下实行三审或一审终审。并且,地方各级人民法院实行多重领导机制,下级人民法院的审判工作受上级人民法院的领导和监督,司法行政工作由上级司法行政机关领导,各级人民法院为同级人民政府的组成部分,受同级人民政府委员会的领导和监督。此外,各级人民法院均设审判委员会,主要是处理重大或疑难案件,并在政策和审判原则上进行指导。

随着上述《最高人民法院试行组织条例》、《人民法庭组织通则》和《人民法院暂行组织条例》的颁布实施,各级人民法院陆续建立起来。到1952年4月,最高人民法院东北、西北、华北、中南、西南、华东6个分院先后在沈阳、西安、北京、武汉、重庆、上海建立。1953年,根据第二届全国司法会议的精神,全国还建立了11个铁路运输法院和水上运输法院。1954年,我国出台第一部《宪法》和《人民法院组织法》,确立了我国人民代表大会和“一府两院”(注:国家监察委员会设立后,现为“一府一委两院”)的体制。我国的审判体制也随之发生三个方面的变化:一是人民法院的组织体系由原来的三级改为四级。根据1954年《人民法院组织法》第1条的规定,中华人民共和国的审判权由下列人民法院行使:(1)地方各级人民法院;(2)专门人民法院;(3)最高人民法院。地方各级人民法院分为:基层人民法院、中级人民法院、高级人民法院。第17条规定，基层人民法院可以根据需要设立派出人民法庭。人民法庭属于基层人民法院的组成部分，其判决和裁定即为基层人民法院的判决和裁定。第26条规定，专门人民法院包括军事法院、铁路运输法院和水上运输法院。二是人民法院由隶属于政府机关变为与政府平行，成为独立的国家机关。1954年《宪法》规定，国务院、最高人民法院、最高人民检察院均对全国人民代表大会负责并报告工作，在全国人民代表大会闭会期间，均对全国人民代表大会常务委员会负责并报告工作；地方各级人民政府、地方各级人民法院和地方各级人民检察院均对本级人民代表大会负责并报告工作。三是上下级法院之间的关系由领导与被领导的关系变为监督与被监督的关系。上述审判制度的变化，是和当时的《宪法》《人民法院组织法》关于人民法院独立进行审判，只服从法律的规定相适应的。而1982年《宪法》对审判制度的规定，与1954年《宪法》相比，又有两个重要变动：一是规定"人民法院依照法律规定独立行使审判权，不受行政机关、社会团体和个人的干涉"，这一规定与1954年《宪法》和1979年《人民法院组织法》规定的"人民法院独立进行审判，只服从法律"是不同的，前者是从反面突出审判权不受行政机关、社会团体和个人的干涉，后者则从正面突出审判权只服从法律。[①] 二是确立了公、检、法三机关在刑事诉讼中分工负责、互相配合、互相制约的关系的规定，这一具有中国特色的定位一直沿用至今。

根据1982年《宪法》的规定，1983年9月，第六届全国人大常委会第二次会议通过《全国人民代表大会常务委员会关于修改〈中华人民共和国人民法院组织法〉的决定》，将该法第4条关于"人民法院独立进行审判，只服从法律"的规定修改为"人民法院依照法律规

① 参见沈德咏主编：《中国特色社会主义司法制度论纲》，人民法院出版社2009年版，第119页。

定独立行使审判权，不受行政机关、社会团体和个人的干涉”，并将该法第10条第2款关于“人民法院审判第一审案件，由审判员和人民陪审员组成合议庭进行”的规定修改为“人民法院审判第一审案件，由审判员组成合议庭或者由审判员和人民陪审员组成合议庭进行”。由此，人民陪审员制度在我国曾有近20年的衰落，直至2005年5月开始施行《全国人民代表大会常务委员会关于完善人民陪审员制度的决定》后才逐步得到恢复。

1984年11月，第六届全国人大常委会第八次会议决定在上海、天津、广州、大连、厦门等沿海港口城市设立海事法院，使我国的专门审判机关更加广泛（包括军事法院、铁路运输法院、海事法院）。在2009年7月8日，中央下发关于铁路公、检、法管理体制改革的文件，要求铁路公、检、法整体纳入国家司法体系，铁路法院整体移交驻在地省（直辖市、自治区）党委、高级人民法院管理。截至2012年6月底，全国铁路法院已整体纳入国家司法体系。此外，在建立和发展社会主义市场经济的过程中，我国各级人民法院还逐步完善了内部审判机构的设置，先后设置了知识产权审判庭、少年审判庭、立案庭、审判监督庭等专业审判庭，使审判工作不断走向专业化。特别是1989年随着《行政诉讼法》的颁布实施，各级法院普遍设置了行政审判庭，从而建立起行政审判机制。

（三）执行权配置与运行机制的历史发展

新中国成立以来，在我国的司法强制执行机制中，从来不存在法院内部完全的审判与执行的统一。其权力配置的总体结构特点，是执行机关的多元性，即根据不同的执行依据或同类执行依据的不同内容，将执行权配置给不同的执行机关，刑事执行、行政执行和民事执行分而治之且行权机构相互交叉。刑事强制执行，对不涉及财产的刑罚，根据刑罚种类不同，由法院、司法行政部门（监狱）、公安等不同的国家机关分别行使执行权。而行政强制执行，又区分为行政诉讼判决、裁定的执行和非诉行政行为的执行，执行权由法院和行政机关分别行使。如国有土地上的房屋征收实行裁执分离，法院作出裁决，行政机关负责执行；而行政机关作出的很多行政决定，则申请法院强制执行。只有民事强制执行，将执行权专属配置于人民法院，但其执行依据并不都是由法院作出的裁判，仲裁机关作出的仲裁裁决和公证机关作出的公证债权文书，在法院的执行案件中也占有相当大的比例。以江苏省为例，此两类案件在 2012 年为 13,970 件，2013 年为 20,210 件，2014 年为 19,304 件，且标的额都较大。由于理论界和实务界关于执行机制的讨论聚焦于审执分离的改革模式，在此本书亦着重梳理民事执行机制中审执分离的发展历程。

新中国成立后，我国民事执行制度关于审判和执行的权力配置，大体经历了三个历史阶段。1954 年和 1979 年的《人民法院组织法》均规定民事执行工作由人民法院负责。当时，由于案件数量不多，法律和政策没有规定专门的执行程序，也没有设立专门的执行机构，实践中是采取审执合一的执行机制，执行由作出裁判的审判组织负责实施。其社会背景是当时实行计划经济体制和严格的户籍管理制度，城市人成为“单位人”，农村人成为“公社人”，人口流动极少，社会成员个人财产极少且财产形态单一，被执行人及其财产难找的问题并不突出。但随着改革开放的不断深入，经济社会快速发展，案件数量大幅上升，审判人员无法再同时兼顾审判与执行，审执不分所带来的重审轻执、执行拖延和“执行难”问题日益显现。为了解决实践中出现的这些问题，人民法院内部从 20 世纪 80 年代中期开始，自下而上地探索审执分离改革，此为改革的第一个阶段，设专人或专门机构办理执行案件。1982 年《民事诉讼法(试行)》开始施行，执行程序单独成为一编，立法上将审判程序与执行程序进行分离，为法院在实践中将执行机构与审判机构分离创造了初步的条件。如江苏省，到 1989 年年底，118 个法院中有 116 个相继成立了执行庭，负责民商事案件的执行。最高人民法院亦专门成立了执行办公室,但当时的执行庭与审判庭处于同一等级,而且上下级法院之间的执行庭之间也是监督与被监督的关系,具有较为浓厚的审判色彩。

从 1990 年到 2008 年为第二阶段,实行法院内部审判机构和执行机构的分离。1991 年出台的《民事诉讼法》规定,基层人民法院、中级人民法院根据需要,可以设立执行机构,后各级法院均设立了执行庭。随后在 1998 年 12 月,云南省高级人民法院成立了全国最早的执行局,之后最高人民法院于 1999 年 10 月在第一个《人民法院五年改革纲要》中明确提出对执行制度进行改革的总体构想,即在全国建立一个对执行机构统一领导,配合得力,运转高效的执行工作机制,并于 2000 年在《关于改革人民法院执行机构有关问题的通知》中指出,地方各级人民法院设立的执行机构名称应当一致,可称为执行工作局,同时要求建立各省、自治区、直辖市范围内的人民法院执行工作由高级人民法院统一管理和协调的执行工作机制。根据这一通知的精神,可看出最高人民法院对地方各级人民法院的执行工作是指导与监督关系,而各高级人民法院对辖区内的法院执行工作则是一种领导关系,执行工作由审判色彩开始向领导色彩转变。同时,各类执行权也逐步实行严格的归口管理,将原本除民事执行权外仍由审判部门办理的执行案件或事项,如行政非诉执行、刑事判决涉财产部分执行、财产保全执行等,原则上统一交由执行机构负责实施。这一阶段,我国处于从计划经济向有计划的市场经济再向社会主义市场经济的历史性转折阶段,人口流动加剧,人民财富快速增加,但经济发展中的不平衡现象出现,城乡之间、地区之间、行业之间收入的差距拉大,在执法、司法领域开始出现地方保护主义和部门保护主义现象。再加上立法关于执行程序的规定过于原则,执行人员集执行实施权和裁决权于一身,权力过大,监督不力,“执行难”“执行乱”问题开始显现,引起人民群众强烈不满。为此,1999 年中共中央发布“11 号文件”,转发了《最高人民法院党组关于解决人民法院“执行难”问题的报告》，号召全党重视和解决执行难问题，促使各地撤销了一批地方和部门保护主义文件。全国人大常委会于2002年8月29日对《刑法》第313条作出立法解释，将协助执行人列为拒执罪主体，将干扰执行的国家工作人员列为拒执罪的共犯，改善了执行司法环境。最高人民法院也制定了《关于高级人民法院统一管理执行工作若干问题的规定》，开创了提级执行、指定执行、交叉执行、集中执行的执行工作格局。

2009年至今为第三阶段，在执行权内部实行执行实施权与执行审查权的分离。2007年《民事诉讼法》修改，在执行程序中增设了执行异议复议、执行监督、案外人异议程序，将执行实施程序与执行救济程序明确区分。2009年《最高人民法院关于进一步加强和规范执行工作的若干意见》和2011年《最高人民法院关于执行权合理配置和科学运行的若干意见》，进一步将执行实施权和执行审查权明确区分，并要求按照分权运行机制设立与其他业务庭平行的执行实施和执行审查部门，分别行使执行实施权和执行审查权；进一步完善高级人民法院执行机构统一管理、统一协调的执行工作管理机制，由中级人民法院（直辖市除外）对辖区内的执行工作实行统一管理、统一协调。至此，我国形成了全国统一领导与协调的内部审执分离的执行机制。在这种机制下，上下级法院整体上是一种监督与被监督的关系，而上下级法院的执行工作则是领导与被领导的关系。2013年1月1日起开始实施的《民事诉讼法》及其司法解释，在总结司法实践经验的基础上，对执行程序进行了进一步完善，丰富了执行措施、完善了执行程序并强化了执行监督。这一阶段人民法院内部的审执分离改革取得的成效非常明显：第一，形成了“当事人权利实现最大化、执行效率最大化”的执行工作理念；第二，在总结执行规律的基础上，提出了突出执行强制性，实现执行工作规范化、信息化、公开化“一性三化”的工作要求；第三，大力加强以财产信息查控平台为基础的执行指挥中心建设，建立以失信被执行人名单发布制度、限制高消费为主的失信惩戒制度,信息化建设方兴未艾,使法院执行能力特别是查找被执行人财产的能力有了明显提高;第四,探索司法网上拍卖变卖,提高了查封、扣押财产的变价程序的公开透明度和效率与效益。但随着户籍制度的改革,人口流动持续加大,财产形态逐步丰富,特别是企业和个人投资者成为证券交易的主要参与者,支付宝、财富通等第三方网上交易平台的发展,对法院执行工作能力特别是查找被执行人及其财产的能力提出了更高要求。但由于全社会的诚信体系建设滞后,法律对恶意逃债的制裁不力,法院查找被执行人及其财产仍然困难重重。再加上案多人少的矛盾持续加大,“执行难”仍然是司法领域人民群众反映强烈的突出问题。

第二章 人民法院司法权配置与运行机制的现状、问题与改革目标

第一节 人民法院五个“五年改革纲要”之比较

自改革开放以来，我国的司法事业开始逐步走上正轨，随着经济社会的不断发展，旧的司法权配置与运行机制逐渐不能适应改革发展的趋势。为了不断适应新的形势，我国的司法权配置与运行机制也在不断进行改革、调整，最高人民法院相继出台了五个“人民法院五年改革纲要”（以下简称“五年改革纲要”）。为更好地开展当前的司法权配置与运行机制改革，对已经出台的五个“五年改革纲要”进行分析对比，可以厘清我们改革的思路。

一、五个“五年改革纲要”的出台背景比较

第一个“五年改革纲要”出台最直接的原因,可以说是为了更好地配合中央提出的依法治国、建设社会主义法治国家的目标。纲要最主要的目标是实现法治对司法公正的要求,并促进法治在我国扎根。

(一)第一个“五年改革纲要”出台的背景

1997 年,中国共产党第十五次全国代表大会确定了依法治国的基本方略,明确提出要推进司法改革,从制度上保证人民法院独立公正行使审判权的任务。第九届全国人民代表大会第二次会议又将依法治国基本方略写入《宪法》,这就使“司法改革”这一课题被正式纳入改革的总体框架之内。与此同时,人民法院的管理体制和审判工作机制,受到了严峻的挑战:一是当时司法地方化较为严重,地方保护主义蔓延,严重危害了我国社会主义法制的统一和权威;二是当时的法官管理体制导致法官整体素质难以适应审判工作的专业化要求,人民群众对少数司法人员的腐败现象和裁判不公反映强烈,直接损害了党和国家的威信;三是审判工作的行政化管理模式,不符合审判工作的特点和规律,严重影响了人民法院职能作用的充分发挥;四是人民法院特别是基层人民法院经费困难,装备落后,物质保障不力,严重制约了审判工作的进展。在这一背景下,1999 年最高人民法院出台了第一个“五年改革纲要”,正式拉开了我国司法改革的序幕。

(二)第二个“五年改革纲要”出台的背景

2002 年,党的十六大提出了积极、稳妥地推进司法改革的要求。特别是 2004 年年底,党中央对今后一段时期的司法体制和工作机制改革作了全面部署,指出要“加强对执法活动的监督,推进依法行政,维护司法公正,防止和克服地方和部门的保护主义。推进司法体制改革,按照公正司法和严格执法的要求,完善司法机关

的机构设置、职权划分和管理制度”。另外,第一轮法院改革为第二轮法院改革打下了良好基础,但也带来了一些新的问题。第一个“五年改革纲要”实施以后,取得了一定成效,但并没有解决所有问题。相对滞后的司法权配置与运行机制和工作机制已经不能适应人民群众对司法公平正义日益增长的需求,人民法院的司法改革既面临着不可多得的历史机遇,又面临着多方面的严峻挑战,而这些挑战为司法改革提出了更高要求,2005 年出台的第二个“五年改革纲要”就是为了满足这一更高要求而诞生的。在这一意义上,第二个“五年改革纲要”可以说是第一个“五年改革纲要”的延续,是在司法改革已经取得了一定成就、有了一定改善的基础上出台的。

(三)第三个“五年改革纲要”出台的背景

继党的十六大提出“推进司法体制改革”的任务后,党的十七大从全面落实依法治国基本方略,加快建设社会主义法治国家的高度出发,提出“深化司法体制改革,优化司法职权配置,规范司法行为,建设公正高效权威的社会主义司法制度,保证审判机关、检察机关依法独立公正地行使审判权、检察权”。党的十七大对深化司法改革作出的重大决策,标志着我国的司法改革进入体制创新和机制创新的新阶段。经过“一五”“二五”改革,人民法院的司法体制和工作机制有了一定的发展完善,但是与日益增长的人民群众对司法的需求相比,还有不小差距。因此,2009 年第三个“五年改革纲要”在“为了贯彻党的十七大精神,落实中央关于深化司法体制和工作机制改革的总体要求,维护社会公平正义,满足人民群众对司法工作的新要求、新期待,实现人民法院科学发展”的背景下出台了。

(四)第四个“五年改革纲要”出台的背景

随着经济社会的全面发展,各类矛盾纠纷急剧增多,社会成员希望通过司法解决纠纷的愿望愈加强烈,有诉必理、有案必立、有理必赢成为民众近乎一致的诉求,而确保人民法院依法独立公正行使审判权的机制尚不完善,法院工作面临巨大压力。

党的十八届三中全会审议通过的《中共中央关于全面深化改革若干重大问题的决定》,对深化司法改革作了全面部署。中央全面深化改革领导小组(注:2018 年 3 月改为中央全面深化改革委员会)第二次会议审议通过的《关于深化司法体制和社会体制改革的意见及贯彻实施分工方案》,明确了深化司法改革的目标、原则,确定了各项改革任务的路线图和时间表。中央全面深化改革领导小组第三次会议审议通过的《关于司法体制改革试点若干问题的框架意见》,对若干重点难点问题确定了政策导向。为贯彻党的十八届三中全会精神,进一步深化司法改革,最高人民法院结合法院工作实际,在深入开展调研、广泛征求意见的基础上,研究制定了第四个“五年改革纲要”,并报中央审批同意。2014 年 7 月 9 日,最高人民法院以新闻发布会的形式通报了第四个“五年改革纲要”的主要内容。但随着改革深入推进和试点工作的展开,最高人民法院在党的十八届四中全会之后,第一时间组织力量再次对第四个“五年改革纲要”进行修订。经过深入论证,征求了中央有关部门、部分地方法院和专家学者的意见,制定了《最高人民法院关于全面深化人民法院改革的意见》,将之作为修订后的第四个“五年改革纲要”贯彻实施,于 2015 年 2 月发布。

(五)第五个“五年改革纲要”出台的背景

党的十九大从发展社会主义民主政治、深化依法治国实践高度,作出了“深化司法体制综合配套改革,全面落实司法责任制”的重要战略部署。为深入贯彻习近平总书记全面依法治国新理念新思想新战略,进一步深化新时代人民法院各项改革,党的十九大闭幕后,最高人民法院组织专门力量,总结分析第四个“五年改革纲要”完成落实情况,深入研究深化司法体制综合配套改革的内容与重点,启动了第五个“五年改革纲要”的调研、起草工作。

经过调研，自党的十八大以来，在以习近平同志为核心的党中央坚强领导下，人民法院司法改革全面深入推进，重要领域和关键环节取得突破性进展，主要领域改革主体框架已基本确立。与此同时，一些尚未落地的改革举措还亟须配套完善、夯实见效，一些已取得突破的关键领域尚待持续优化、精细打磨。这也意味着：下一步改革既要持之以恒抓落实、补短板、强弱项，持续做好“精装修”；又要一心一意谋长远、破难题、克难关，不断取得新突破。就改革内容而言，截至2018年年底，第四个“五年改革纲要”确定的65项改革举措都已全面推开，涉及改革文件256件、重大改革试点24项，11项改革成果转化为法律规定。通过推进第四个“五年改革纲要”，新时代人民法院司法改革主体框架已搭建完成，重大改革领域均取得实质性突破。主要表现在以下几个方面：

一是以司法责任制为核心的审判权力运行体系初步建立。全国法院从原来的21万名法官中遴选产生12.5万名员额法官。这是由各界专业人士参与的法官遴选委员会严格选拔产生的。新的员额法官队伍的年龄结构进一步优化、学历层次有所提升、实际经验比较丰富，基本都在一线办案，队伍革命化、正规化、专业化、职业化水平进一步提升。“谁审理、谁裁判、谁负责”的办案机制普遍实行，全国法院直接由独任法官、合议庭签署的裁判文书达到98%以上。审判团队组建、主审法官会议等配套机制逐步健全。27个省区市在省一级设立法官惩戒委员会，追究违法审判责任有了新的制度机制。

二是人民法院组织体系和机构职能体系进一步优化。按照党中央的统一部署，最高人民法院设立巡回法庭和知识产权法庭，在北京、上海、广州、杭州等地设立跨行政区划法院、知识产权法院、金融法院、互联网法院等，有力破除诉讼“主客场”现象，有效提升审判专业化程度和审判体系现代化水平。至2018年年底，最高人民法院6个巡回法庭共审结案件33,335件，占本院结案总数的50.35%，累计接待群众来访11.7万人次,被誉为“老百姓家门口的最高人民法院”。省以下地方法院内设机构改革全面推开,实现机构精简、职能优化、效能提升。截至2019年年底,全国法院均已完成内设机构改革任务,机构数量减幅超过30%,审判质效有效提升。

三是以人民为中心的司法为民机制实现创新发展。第一,司法公开全方位深化。建成审判流程、庭审活动、裁判文书、执行信息四大公开平台。截至2018年年底,中国裁判文书网共公布裁判文书近6000万份,访问量超过210亿人次;公布失信被执行人1288万例;地方法院在线直播庭审案件230万余件,在线观看总人数超139亿人次。第二,全面实行立案登记制。截至2018年年底,全国法院登记立案数量超过6489万件,当场登记立案率超过95%。第三,诉讼服务持续优化升级。99%的法院建成诉讼服务大厅。3044家法院开通网上立案服务,共网上立案238万件;1154家法院提供跨域立案服务,办理跨域立案12万件。第四,“执行难”问题得到有效破解。“党委领导、政法委协调、人大监督、政府支持、法院主办、部门配合、社会参与”的综合治理执行难工作格局初步形成,网络执行查控体系和联合信用惩戒体系有效建立,网络司法拍卖广泛开展。全面实行网络拍卖的法院达到3260个,网络拍卖数量占整个司法拍卖的80%以上。

同时,也必须承认,第四个“五年改革纲要”项下改革举措虽已推开,但配套制度还存在不成熟、不完善之处。与人民群众日益增长的美好生活需要相比,人民法院司法工作也还存在不平衡、不适应等问题。上述问题,都需要通过继续深化改革的方式来解决。

因此,第五个“五年改革纲要”在完成第四个“五年改革纲要”确定的建立中国特色社会主义审判权力运行体系基础上,提出要在更高站位、更深层次、更宽领域以更大力度深化新时代人民法院司法体制综合配套改革。在这一背景下,第五个“五年改革纲要”顺势出台。

二、五个“五年改革纲要”的目标比较

(一)第一个“五年改革纲要”的目标

第一个“五年改革纲要”是为了配合中国共产党第十五次全国代表大会确定的依法治国基本方略,完成“推进司法改革,从制度上保证司法机关独立公正地行使审判权和检察权”的任务,所以它的司法改革目标主要是从司法制度、司法机制、司法公正和法治理念的建设与落实这些抽象方面来说的。

(二)第二个“五年改革纲要”的目标

第二个“五年改革纲要”确定2004年至2008年人民法院司法改革的基本任务和目标是:改革和完善诉讼程序制度,实现司法公正,提高司法效率,维护司法权威;改革和完善执行体制和工作机制,健全执行机构,完善执行程序,优化执行环境,进一步解决“执行难”;改革和完善审判组织和审判机构,实现审与判的有机统一;改革和完善司法审判管理和司法政务管理制度,为人民法院履行审判职责提供充分支持和服务;改革和完善司法人事管理制度,加强法官职业保障,推进法官职业化建设进程;改革和加强人民法院内部监督和接受外部监督的各项制度,完善对审判权、执行权、管理权运行的监督机制,保持司法廉洁;不断推进人民法院体制和工作机制改革,建立符合社会主义法治国家要求的现代司法制度。

(三)第三个“五年改革纲要”的目标

第三个“五年改革纲要”确立的深化人民法院司法体制和工作机制改革的目标是:进一步优化人民法院职权配置,落实宽严相济刑事政策,加强队伍建设,改革经费保障体制,健全司法为民工作机制,着力解决人民群众日益增长的司法需求与人民法院司法能力相对不足的矛盾,推进中国特色社会主义审判制度的自我完善和发展,建设公正高效权威的社会主义司法制度。

(四)第四个“五年改革纲要”的目标

第四个“五年改革纲要”确立了全面深化人民法院改革的总体思路,即紧紧围绕努力让人民群众在每一个司法案件中都感受到公平正义的目标,始终坚持司法为民、公正司法的工作主线,着力解决影响司法公正、制约司法能力的深层次问题,确保人民法院依法独立公正行使审判权,不断提高司法公信力,促进国家治理体系和治理能力现代化,到 2018 年初步建成具有中国特色的社会主义审判权力运行体系,使之成为中国特色社会主义法治体系的重要组成部分,为实现“两个一百年”奋斗目标、实现中华民族伟大复兴的中国梦提供强有力的司法保障。

(五)第五个“五年改革纲要”的目标

第五个“五年改革纲要”的总体指导思想,是以习近平新时代中国特色社会主义思想为指导,紧扣我国社会主要矛盾变化,紧紧围绕统筹推进“五位一体”总体布局和协调推进“四个全面”战略布局,坚持以人民为中心的发展思想,坚持稳中求进工作总基调,统筹推进党中央部署的各项司法改革任务,在更高站位、更深层次、更宽领域、以更大力度深化新时代人民法院司法体制综合配套改革,全面落实司法责任制,加快形成系统完备、科学规范、运行有效的制度体系,推动公正高效权威的中国特色社会主义司法制度更加成熟更加定型,全面提升司法能力、司法效能和司法公信,推动营造更加良好的社会主义法治环境,创造更高水平的社会主义司法文明,履行好维护国家政治安全、确保社会大局稳定、促进社会公平正义、保障人民安居乐业的职责任务,努力让人民群众在每一个司法案件中感受到公平正义。

在这一指导思想下,改革确立了八项基本原则:一是坚持正确政治方向。牢固树立“四个意识”,坚定“四个自信”,坚决做到“两个维护”,始终坚持党对人民法院工作的绝对领导,始终坚持司法改革在党的领导下进行,充分发挥党总揽全局、协调各方的领导核心作用，实现党的领导、人民当家作主、依法治国的有机统一。二是坚持以人民为中心。始终坚持司法为民宗旨，站稳人民立场，贯彻群众路线，确保人民法院司法改革始终为了人民、依靠人民、造福人民。准确把握人民日益增长的美好生活需要同司法工作发展不平衡、不适应之间的矛盾，着力解决人民群众最关切的公共安全、权益保障、公平正义问题，做到人民有所呼、改革有所应，织密扎牢民生司法保障网，不断提升人民群众的获得感、幸福感、安全感。三是坚持遵循司法规律。准确把握审判权作为判断权的特征和中央事权属性，完善符合审判权力运行规律的配套监督和保障机制。始终坚持问题导向和目标导向相统一，坚持试点先行和全面推进相促进，坚持用改革思维和方法解决前进中的问题，通过改革进一步释放潜力、盘活资源、激发活力。四是坚持服务保障大局。立足人民法院司法职能，正确认识大局、精准把握大局、全力服务大局，牢固树立新发展理念，为推动经济高质量发展提供优质司法服务，为优化营商环境、推动形成更高层次改革开放新格局营造良好法治环境，为保持经济持续健康发展和社会大局稳定提供有力司法保障。五是坚持依法有序推进。坚持以宪法法律为依据，坚持人民代表大会制度，做到以法治引领改革、用改革完善法治。制定改革方案时，同步研究是否符合法律规定、是否确有必要修改法律，确保改革于法有据。重大改革试点需要得到法律授权的，严格按照法律程序进行。六是坚持加强系统集成。提升改革的系统性、整体性、协同性，既抓落实、补短板、强弱项，又谋长远、破难题、克难关。加强统筹谋划和整体推进，厘清各项改革举措之间的整体关联性、层次结构性、先后时序性，确保改革在政策取向上相互配合、在实施过程中相互促进、在实际成效上相得益彰，不断提升改革精准化、精细化水平。七是坚持鼓励基层创新。既发挥顶层设计的引领作用，又发挥基层探索的探路作用，统筹不同区域进行差别化探索，推动顶层设计和基层探索良性互动、有机结合。尊重和保护基层首创精神，完善落实容错机制，鼓励基层探索实践，激励基层积极作为，推动将有益经验上升为普遍长远的制度设计，确保改革行稳致远。八是坚持强化科技驱动。贯彻实施网络强国战略，全面建设智慧法院。牢牢把握新一轮科技革命历史机遇，充分运用大数据、云计算、人工智能等现代科技手段破解改革难题、提升司法效能，推动人民法院司法改革与智能化、信息化建设两翼发力，为促进审判体系和审判能力现代化提供有力科技支撑。

据此，第五个“五年改革纲要”确立了十大改革目标：

一是把党的政治建设摆在首位，把执行党的政策与执行国家法律统一起来，确保党的领导和党的建设统领人民法院司法改革全领域、贯穿司法改革全过程，推动实现党的组织覆盖审判执行工作基本单元，构建人民法院坚持党的领导制度体系。

二是坚持围绕中心、服务大局，充分发挥积极性、主动性、创造性，从更高层次、更高站位上找准切入点和着力点，通过依法履行职能、锐意改革创新，推动人民法院各项工作深度融入党和国家工作大局，构建人民法院服务和保障大局制度体系。

三是把满足人民群众不断增长的司法需求作为人民法院工作基本导向，加强诉讼服务体系建设，深化多元化纠纷解决机制改革，推动把非诉讼纠纷解决机制挺在前面，完善司法救助和涉诉信访制度，努力实现司法更加亲民、诉讼更加便民、改革更加惠民，构建以人民为中心的诉讼服务制度体系。

四是进一步深化司法公开，不断完善审判流程公开、庭审活动公开、裁判文书公开、执行信息公开四大平台，全面拓展司法公开的广度和深度，健全司法公开形式，畅通当事人和律师获取司法信息渠道，构建更加开放、动态、透明、便民的阳光司法制度体系。

五是全面落实司法责任制，完善审判监督管理机制和法律统一适用机制，健全司法履职保障和违法审判责任追究机制，让法官集中精力尽好责、办好案，推动实现有权必有责、用权必担责、失职必问责、滥权必追责，构建以司法责任制为核心的中国特色社会主义审判权力运行体系。

六是优化四级法院职能定位和审级设置，健全适应国家发展战略需要的人民法院组织体系，深化人民法院内设机构改革，加强人民法庭建设和专业化审判机制建设，完善司法经费保障配套机制，构建优化协同高效的人民法院组织体系和机构职能体系。

七是推动民事、行政诉讼制度改革，深化以审判为中心的刑事诉讼制度改革，改革法律文书送达机制，推动实现审判资源优化配置、司法效能全面提升，构建顺应时代进步和科技发展的诉讼制度体系。

八是全面推进执行信息化、规范化建设，健全完善综合治理执行难工作格局，深入推进失信被执行人联合惩戒工作，推动完善社会诚信体系，依法保障胜诉当事人及时实现权益，推动完善和发展中国特色社会主义现代化执行制度，构建切实解决执行难长效制度体系。

九是全面推进人民法院队伍革命化、正规化、专业化、职业化建设，遵循干部成长规律，完善法官培养、选任和培训机制，强化干警政治训练、知识更新、能力培训、实践锻炼，努力提升队伍政治素质、职业素养、司法能力和专业水平，确保各类人员职能分工明晰、职业保障到位，构建中国特色社会主义法院人员分类管理和职业保障制度体系。

十是全面推进智慧法院建设，推动建立跨部门大数据办案平台，促进语音识别、远程视频、智能辅助、电子卷宗等科技创新手段深度运用，有序扩大电子诉讼覆盖范围，推动实现审判方式、诉讼制度与互联网技术深度融合，构建中国特色社会主义现代化智慧法院应用体系。

三、五个“五年改革纲要”的内容比较

（一）第一个“五年改革纲要”的主要内容

第一个“五年改革纲要”确定了改革的7个方面39项内容，主要表现在以下几个方面：一是深化审判方式改革。此次审判方式的改革，是重点完善运行机制，加强制度建设。比如，推动实现立审分立、审执分立和审监分立，形成促进司法公正的审判权运行机制；完善公开审判制度，一审案件基本实现开庭审理；审判监督制度改革逐步展开，力图实现从有错必纠到依法纠错、从无限申诉到有限申诉、从无限再审到有限再审的转变。二是加大审判组织改革力度。要求强化合议庭的职责，提出要还权于合议庭，案件的决定权应掌握在承办法官手中，而不是院领导及业务部门负责人手中，院领导及业务部门负责人只有在以审判长身份审理案件时才能对案件提出处理意见。为此最高人民法院还专门于2002年8月12日发布了《关于人民法院合议庭工作的若干规定》，意图优化审判权资源的合理配置。三是继续推进法官人事制度改革。在2002年7月召开的全国法院队伍建设工作会议上，提出要推进法官职业化建设，强调法官的严格职业准入，提高法官的职业技能，加强法官的职业保障，并提出实行法官员额制度、改革法官遴选制度、推行法官助理制度等具体措施。

总体而言，第一个“五年改革纲要”推动了我国司法制度现代化的历史进程。在2005年7月召开的全国高级法院院长座谈会上，时任最高人民法院院长肖扬在回顾总结第一个“五年改革纲要”实施情况时谈道：“一五”改革取得了显著成效，但在实施过程中还存在一些困难和问题。主要是改革的进展不够平衡，统一性和规范性不够，司法改革与相对不完善的现行法律制度的冲突日趋明显。就目前来看，限于当时的现实情况，“一五”改革提出的任务落实并不理想，比如虽然当时提出了还权于合议庭、实行法官员额制等改革任

务，但鉴于当时的具体司法环境，体制改革的整体推进遇到诸多困难，很多改革项目未能落实到位。

（二）第二个“五年改革纲要”的主要内容

第二个“五年改革纲要”内容涉及8个方面50项改革措施，旨在全面推进审判程序、审判机制、执行机制以及审判管理、司法政务管理、司法人事管理、内外部监督制约机制等各方面改革。与第一个“五年改革纲要”相比，第二个“五年改革纲要”不仅涉及政法部门，还涉及立法、行政等多个部门，是一次全方位的司法改革。这一轮司法改革紧紧立足于人民群众的司法需求，以完善诉讼制度为重点，有效缓解了群众反映强烈的“打不起官司”“打官司难”“申诉难”“超期羁押”“刑讯逼供”等突出问题，在方便群众诉讼、提高司法效率、促进公正文明司法等方面取得了明显进步，尤其是死刑复核权收回最高人民法院统一行使，成为这一时期司法改革的一大亮点，获得国内外一致好评。但由于没有在人、财、物等司法体制问题上迈出实质性一步，一些改革举措仍仅限于司法工作机制上的改进与完善。对于此次改革，时任最高人民法院院长肖扬总结道：“人民法院司法改革进程与人民群众日益增长的司法需求还不完全适应，一些司法改革措施之间还缺乏统一性和协调性，具体的改革配套措施也不尽完善。”然而，此次改革毕竟在一定程度上触及了司法的体制性层面，为下一步深化司法改革打下了基础。

（三）第三个“五年改革纲要”的主要内容

第三个“五年改革纲要”内容涉及30项改革措施132项具体改革任务，以促进社会和谐为主线，以加强权力制约和监督为重点，涵括优化人民法院职权配置、落实宽严相济刑事政策、加强人民法院队伍建设、加强人民法院经费保障和健全司法为民工作机制5个方面。此次改革在司法为民和量刑规范化等方面亮点突出，但由于未涉及体制方面的重大改革，仍属于工作机制的改革。

（四）第四个"五年改革纲要"的主要内容

以国家判断权和公平正义论作为理论基点的第四个"五年改革纲要"，紧紧围绕司法为民、公正司法的工作主线，构建了判断权的主体要件、判断权的运行机制、判断权的体制保障三大相互依存、相互制约的逻辑板块。改革纲要提出了65项改革举措，重点归纳为7个方面的核心内容：一是建立与行政区划适当分离的司法管辖制度；二是建立以审判为中心的诉讼制度；三是优化人民法院内部职权配置；四是健全审判权力运行机制；五是构建开放、动态、透明、便民的阳光司法机制；六是推进法院人员的正规化、专业化、职业化建设；七是确保人民法院依法独立公正行使审判权。整体来看，新一轮司法改革的内容见图1至图5：

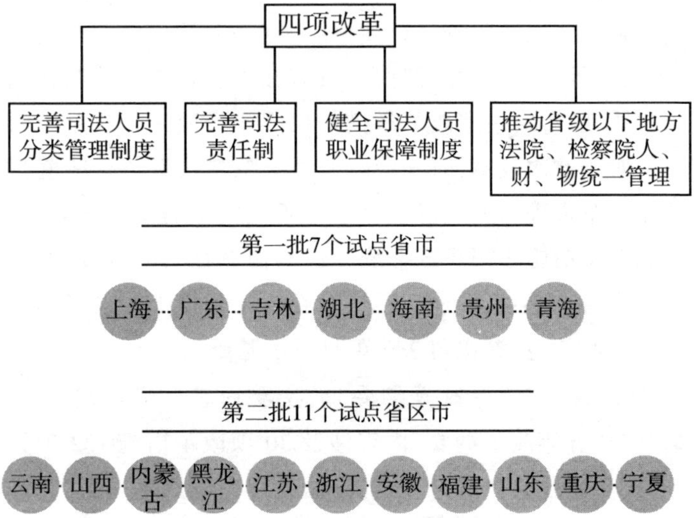

图1　新一轮司法体制改革重点

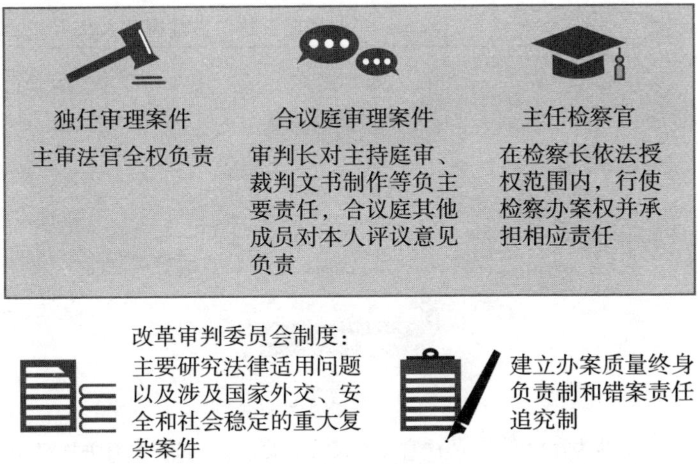

图 2　完善司法责任制

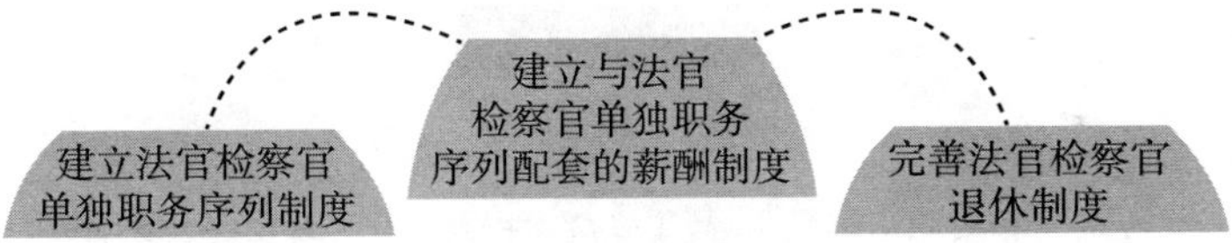

图 3　健全职业保障制度

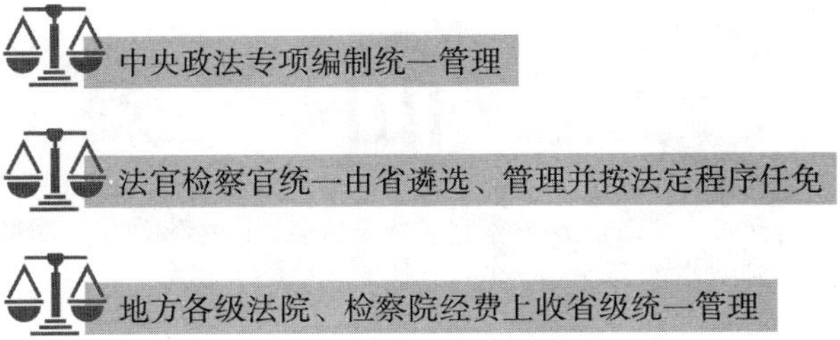

图 4　推动省级统一管理

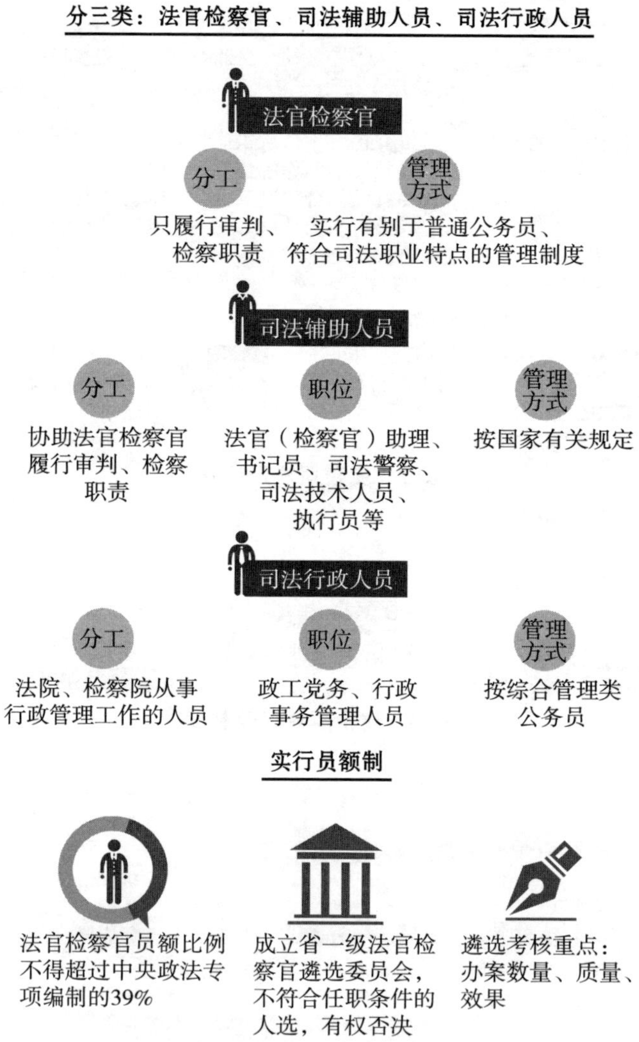

图5　完善司法人员分类管理制度

(五)第五个“五年改革纲要”的主要内容

第五个“五年改革纲要”的主要内容包含10个方面65项改革举措,通过科学构建坚持党的领导制度体系、服务和保障大局制度体系、以人民为中心的诉讼服务制度体系等10大体系,推动公正高效权威的中国特色社会主义司法制度更加成熟、更加定型,努力让人民群众在每一个司法案件中感受到公平正义。

习近平总书记在中央政法工作会议上指出:“政法领域改革已进入系统性、整体性变革的新阶段,政法系统要在更高起点上,推动改革取得新的突破性进展。”在2019年2月25日召开的中央全面依法治国委员会第二次会议上,习近平总书记再次强调:“改革开放越深入越要强调法治。”改革开放进入新阶段,经济发展有了新理念,就需要人民法院切实找准立足点与着力点,在更高站位、更深层次、更宽领域、以更大力度深化司法体制综合配套改革。第五个“五年改革纲要”确定了以下思路:

第一,既抓落实,又谋长远,坚持以系统集成思维深化司法改革。改革当然要求新求变,但深化司法体制综合配套改革,不是要另起炉灶,新搞一套,而是在落实好已出台改革举措的基础上,统筹推进党的十八大、十九大部署的司法改革任务,系统规划、一体落实。俗话说:“基础不牢,地动山摇。”第四个“五年改革纲要”部署的65项改革举措虽全面推开,但实事求是地讲,部分举措还存在落实不到位、配套不完善、推进不系统现象。以司法责任制改革为例,尽管已在全国法院推行,但监督管理机制尚需跟进、类案同判机制还应完善、法官惩戒机制亟待健全、专业化建设需要加强,必须不断提升改革的系统性、整体性、协同性,确保责任制改革落到实处、见到实效。

同时,对于需要进一步攻坚克难的前沿性、“瓶颈”性问题,也纳入了第五个“五年改革纲要”统筹解决。纲要中有很多首次出现的新表述、新举措,如“推动将具有普遍法律适用指导意义、关乎社会公共利益的案件交由较高层级法院审理”“探索扩大小额诉讼程序和独任制适用范围”“优化司法确认程序”“诉源治理”“搭建全国统一的电子送达平台”“推动建立域外送达网络平台”“研究推动建立个人破产制度”“加强人民法院政务标准化建设”，等等。

第二，问题导向，锐意创新，充分吸收行之有效的基层探索实践。司法改革要想“接地气”，必须确保基层能用、好用、管用。从这些年深化改革的经验来看，基层面临的困难最多、压力最大，改革创新的愿望最迫切、动力最强劲。可以说，改革的源头活水在基层，创新的澎湃动力也在基层。所以，既要发挥顶层设计的引领作用，同时又要充分发挥基层探索的探路作用。如北京法院的集约化送达，上海法院的智能辅助办案，天津法院的审务、政务标准化，浙江法院的“移动微法院”，苏州法院的语音识别智能运用，成都法院的庭审实质化和实习助理，深圳法院的“执转破”工作和购买社会化服务机制，等等。这些源自基层、行之有效的探索实践，都被纲要纳入推广规划。

第三，遵循规律，依法有序，坚持按法治要求健全完善司法制度。深化司法体制综合配套改革，是国家层面的战略统一规划，不是法院单兵突进。第五个“五年改革纲要”是法院系统的改革规划，贯彻实施的对象是最高人民法院、地方各级人民法院和专门人民法院，所以，对于涉及立法机关、中央其他部委职能权限的内容，纲要一般使用“配合”“推动”等表述；对于需要实践检验或试点探路的内容，纲要原则使用“研究”“探索”等表述；对于涉及调整适用相关法律的改革举措，也严格遵循“重大改革于法有据”原则，在取得立法机关法律授权后，再探索开展试点。

整体来看，第五个“五年改革纲要”提出构建的10大体系，涉及人民法院工作机制、诉讼程序、队伍建设、科技创新等各个层面，具有以下特点和亮点：

一是旗帜鲜明讲政治。中国共产党领导是中国特色社会主义最本质的特征。只有坚持党对人民法院工作的绝对领导,才能确保司法改革始终沿着正确方向前进。第五个"五年改革纲要"将构建人民法院坚持党的领导制度体系放在主要内容第一部分,旗帜鲜明把党的政治建设摆在首位,确保党的领导和党的建设统领人民法院司法改革全领域、贯穿司法改革全过程,推动实现党的组织覆盖审判执行工作基本单元。

二是立足本位谋大局。习近平总书记要求政法系统在更高起点上推动改革取得新的突破性进展。这里的"更高起点",就是要求我们弘扬伟大的改革开放精神,审时度势、立足本位、提升站位,为推动形成更高层次改革开放新格局提供优质司法保障、营造良好法治环境。2018 年 10 月 31 日,世界银行发布了营商环境排名,我国从之前的第 78 位跃升至第 46 位,提升了 32 名。其中,与法院工作密切相关的"执行合同"指标排在全球第 6 位,司法程序质量指标位列世界第一。这充分说明,强化司法公开、司法效能和司法公信,本身就是优化法治营商环境的有力举措。正如习近平总书记在中央全面依法治国委员会第二次会议上指出的:"法治是最好的营商环境。"人民法院只要找准立足点和着力点,严格司法、厉行法治,就能够深度融入服务国家重大战略工作。

从整体上看,第五个"五年改革纲要"本身就是贯彻中央"四个全面"战略部署的重要组成部分。在具体举措上,围绕共建"一带一路"倡议,纲要提出依托最高人民法院国际商事法庭,完善调解、仲裁、诉讼相互衔接的"一站式"国际商事纠纷解决平台;围绕粤港澳大湾区建设,纲要提出完善与港澳特区民商事司法协助体系,健全相互认可和执行民商事案件判决机制;围绕供给侧结构性改革,纲要提出进一步完善执行转破产机制,加强破产审判专业化建设,2019 年年初已推动在北京、上海、深圳设立了破产法庭。服务和保障大局的相关举措,都在纲要主要内容第二部分作了详细部署。

三是紧扣重点抓配套。第五个"五年改革纲要"的正式名称是

《关于深化人民法院司法体制综合配套改革的意见》。既然强调“综合配套改革”,就要在改革的整体性、系统性、协同性上下功夫,理顺整体改革与特定举措、基础工程与精细“装修”、前序突破与后续跟进、关联举措与制度呼应之间的关系,不断激发改革的“联动效益”和“共生效应”,避免改革举措各自为政、顾此失彼。第五个“五年改革纲要”在谋篇布局上,将系统集成作为重要原则,注重整体关联性、层次结构性、先后时序性,确保各项改革相互促进、良性互动、协同配合,提升改革整体效能。

以完善人民法院组织体系和机构职能体系为例,无论是完善与行政区划适当分离的司法管辖制度,还是深化人民法院内设机构改革,与各级人民法院的审级职能都有重要关联。所以将优化四级法院审级职能放在这部分改革重要位置,推动将具有普遍法律适用指导意义、关乎社会公共利益的案件交由较高层级法院审理,充分发挥审级制度诉讼分流、职能分层和资源配置的功能,同时盘活带动组织体系、内设机构改革再优化、再升级。

再如,法官实行员额制和单独职务序列后,员额法官的选任、交流、退出机制和配套生活待遇保障均亟待完善,审判辅助人员和司法行政人员的职业通道也需要进一步拓宽。第五个“五年改革纲要”对上述问题均作出回应,确保人民法院各类人员职能分工明晰、职业前景明确、职业保障到位,为全面推进人民法院队伍革命化、正规化、专业化、职业化建设夯实基础。

四是着眼长远定制度。第十三届全国人民代表大会常务委员会第六次会议修订通过的《人民法院组织法》,从立法层面巩固了深化司法改革成果,进一步规范了人民法院的组织体系、机构设置、管理体制、队伍建设和履职保障。《法官法》也已启动立法修订程序。事实上,除《人民法院组织法》《法官法》外,一些前期实践证明可行的做法,也有必要逐步固定成型,形成长效机制,为促进审判体系和审判能力现代化提供制度支撑。

例如,深化司法公开是党的十八大以来人民法院改革成效最显著的举措之一,第五个“五年改革纲要”在建设完善审判流程公开、庭审活动公开、裁判文书公开、执行信息公开四大平台基础上,进一步提出要构建更加开放、动态、透明、便民的阳光司法制度体系,确保这项改革行稳致远,正面延伸效应不断扩大。

再如,第五个“五年改革纲要”在“基本解决执行难”工作基础上,进一步提出要推动完善和发展中国特色社会主义现代化执行制度,构建切实解决执行难的长效制度体系。

五是科技驱动助改革。过去,很多改革设想很好,但缺乏技术支撑,影响了落地效果。党的十八大以来,人民法院牢牢把握住新一轮科技革命历史机遇,大数据、云计算、人工智能、区块链等现代科技手段,都陆续被运用到审判执行、司法改革工作中,发挥了重要作用。第五个“五年改革纲要”在前期工作基础上,提出要构建中国特色社会主义现代化智慧法院应用体系,不断破解改革难题、提升司法效能。一方面可以依托北京、杭州、广州三个互联网法院,探索推进“网上纠纷网上审”的互联网诉讼新模式;另一方面要推动语音识别、图文识别、语义识别、智能辅助办案、区块链存证、常见纠纷网上数据一体化处理等科技创新手段深度运用,不断提升移动电子诉讼的覆盖范围、适用比例和应用水平,最终目标是探索构建适应互联网时代需求的新型管辖规则、诉讼规则,推动审判方式、诉讼制度与互联网技术深度融合。

四、司法权配置与运行机制改革的前期成果、问题与改革特征

(一)司法权配置与运行机制改革的前期成果

从改革开放以来司法改革的总体进程来看,人民法院的司法权配置与运行机制改革呈现一条司法规范重建——审判方式改

革——司法权配置改革的基本走向。[①] 整体而言，司法改革走过的30余年历程大致可以划分为三个阶段，即以恢复重建司法规范为主的阶段、以审判机制及方式改革为主的阶段和以司法权配置改革为主的阶段。

1978年改革开放到20世纪90年代初为司法改革的第一阶段，核心是重建司法规范制度和恢复司法秩序，致力于变革一般司法审判工作方法，规范审判行为和诉讼程序。这一阶段的改革实际上是人民法院自发的在法院内部进行的“摸着石头过河”式的改革，取得的成效主要是审判逐步由一般工作方法转向司法工作方法，强化了司法的程序性和规范性。但这一规范过程直到我国刑事、民事、行政三大诉讼法颁布实施才真正完成。

从1992年党的十四大提出建立社会主义市场经济体制至2002年党的十六大召开的这10年间，我国各项立法逐步完备，群众法治观念、权利意识越来越强，法院受理案件持续保持上升的势头，原有的审判方式已不适应形势发展的要求。于是，法院改革开始在更加广泛的背景下和更大的范围内逐步展开。在这一时期，最高人民法院出台了第一个“五年改革纲要”，从实际效果来看，改革的主要领域是全面推进审判方式改革。这一阶段前期主要以民事审判方式改革为核心，改革了内部机构职能，实现了立审分立、审执分立和审监分立；改革了司法礼仪，脱下大盖帽，换上法官制服、穿上法袍、敲响法槌，提出了法官职业化改革，强化了法官的职业特点等。

司法改革第三阶段的启动标志是中央司法体制改革领导小组的成立，司法改革的主要指向是宏观司法体制安排。2003年5月，中央宣布成立由罗干担任组长的中央司法体制改革领导小组，并于2004年推出了《中央司法体制改革领导小组关于司法体制和工作机

---

① 参见夏锦文：《当代中国的司法改革：成就、问题与出路》，载《中国法学》2010年第1期。

制改革的初步意见》，表明我国宏观司法体制改革开始积极推进。最高人民法院又先后颁布了两个“五年改革纲要”。随着改革的逐步推进，人民法院的工作机制、队伍建设、基层基础工作都有长足的发展和进步，人权保障力度进一步加强。尤其是最高人民法院收回了死刑复核权，获得了国内外一致好评，并在审判方式改革、司法公开改革以及司法便民利民方面取得了显著的成效。

在审判方式方面，诉讼构造实现了从重实体轻程序到实体和程序并重的转变。很长一段时间，我国司法从观念到诉讼构造的设计一直是重实体而轻程序。为了再现事实真相，法院被赋予很大职权，当事人举证没有时效，当事人即使在申诉中提供证据，还可以重审改判，维护以事实为根据的基本原则，达到公正裁判的目的。但是，在审判实践中，诉讼中认定的事实，可能是客观事实的全部，也可能是客观事实的部分，有的时候甚至是与客观事实相背离的。诉讼中的事实只能是被证据证明了的那部分事实。所以，片面强调查清客观事实真相是不现实的。最高人民法院为纠正判决依据客观事实的理念，专门出台了《最高人民法院关于民事诉讼证据的若干规定》，进一步确立了“谁主张，谁举证”的基本原则，规定证据时效，以维护诉讼秩序，提高审判效率，保障裁判严肃性。

在司法公开方面，为进一步落实公开审判的宪法原则，最高人民法院于 2009 年公布了《关于司法公开的六项规定》，从立案公开、庭审公开、执行公开、听证公开、文书公开、审务公开六个方面进行了原则性规定。随后，最高人民法院于 2013 年出台《关于推进司法公开三大平台建设的若干意见》，大力实施“天平工程”，截至 2015 年年底实现了 3512 个法院专网全连通、数据全覆盖；建成 1.8 万个科技法庭，把案件审判过程纳入信息化管理。通过建立完善审判流程公开、裁判文书公开、执行信息公开三大平台，还实现了以下改革成果：以政务网站、诉讼服务中心建设为基础平台，通过手机短信、电话语音系统、电子触摸屏等技术手段，为公众和当事人提供全方位、多元化的司法服务;加强科技法庭建设,对庭审活动全程进行同步录音录像,实现“每庭必录”,方便当事人依法查阅;开通了中国裁判文书网,以公开为原则,不公开为例外,实现了全国人民法院的裁判文书统一在该网公布,截至 2016 年 6 月,全国人民法院共在该网公布裁判文书 1800 余万篇;完善了执行信息查询系统,出台了《最高人民法院关于公布失信被执行人名单信息的若干规定》,实现了向公众公开失信被执行人名单信息、限制出境被执行人名单信息、限制高消费被执行人名单信息等,有力促进了社会诚信建设。

在司法便民利民方面,最高人民法院下发专门文件,在全国人民法院大力推行诉讼服务大厅、诉讼服务网、“12368”诉讼服务热线“三位一体”的诉讼服务中心建设,成为方便群众诉讼、展示司法文明、彰显法治精神的窗口。整体来看,全国人民法院的诉讼服务中心的功能主要包括:设置电子触摸屏供当事人查询案件信息;设立司法公开窗口供当事人查询裁判文书以及观看庭审直播;设立速裁法庭(或速裁审判团队),搭建诉调对接平台,实现繁简分流、专门团队简案速审的工作机制;依托信息化建设搭建网上诉讼服务中心平台,开通网上立案并提供当事人和社会公众查询立案、审判和执行相关信息等功能;开通“12368”诉讼服务热线,供当事人查询案件合议庭组成人员、开庭时间、案件办理进度、办理结果等信息,也可以咨询诉讼程序性问题;引入法律专家、律师、心理学家、社会志愿者等专业力量,为人民群众提供立案咨询、心理疏导、矛盾化解、代理申诉等服务。

(二)前期司法权配置与运行机制改革的突出问题

客观地说,30 余年的司法改革实践活动有许多值得反思的地方。例如,司法改革的措施局限在中观、微观和技术层面;再如,司法改革的自发性、分散性、随意性较为明显,缺少必要的价值目标指引和整体规划设计,从宏观审视呈现杂乱无章的态势。这一系列问题归根结底是以往中国司法改革的全局性缺失问题。这种司法改革的全局性缺失,可以从以下三个方面进行具体分析。

一是统一性问题。司法改革是一项宏大的系统工程,牵涉因素纷繁复杂,需要强有力的统一协调指挥。以第一个"五年改革纲要"为标志,最高人民法院虽然开始统一协调指挥全国法院的司法改革,但从实际来看,最高人民法院的力量明显不足,来自司法系统内外的重重阻力使司法改革举步维艰。虽然中央于2003年成立司法体制改革领导小组,但由于专门机构的地位不高,改革基本仍由司法机关在各自管辖范围内进行,使改革缺乏整体设计乃至整个社会的广泛参与。

二是计划性问题。从前期司法改革的实际过程分析,即使最高人民法院以下发"五年改革纲要"的形式,对各地人民法院推进司法改革提出了宏观要求,但其规定的内容多属粗线条。尽管最高人民法院关注到这一问题,并以多种方式加大了对人民法院司法改革进行统一规范的力度,且取得了初步成效,但各级人民法院在改革中各自为战,做法不一的现象仍较为普遍。

三是系统性问题。从过往的司法改革实践来看,改革多是从法院自身出发、从某个具体问题出发,对改革涉及的主体客体、上下层级、前后衔接、系统内外等密切相关的要素,缺少必要的逻辑分析和制度照应,突出表现为保障措施、配套制度跟不上,制度衔接和部门配合经常出问题。

(三)我国前期司法权配置与运行机制改革的显性特征

通过对五个"五年改革纲要"比较分析,不难发现其中具有四个明显特征:

第一,五个纲要的出台从理论上说是有一定延续性的,都是在我国社会主义法治理念产生及发展的基础上提出的对法院各方面的改革与完善措施,都是为了配合我国的社会主义法治国家建设、推进司法改革,从而出台的深化司法体制和工作机制改革的部署,或者说是组织和动员全国各级人民法院推进司法改革的行动规划。

所以,整体而言,它们有共同的大前提——法治在我国的扎根;有共同的目标——追求依法独立行使审判权和司法公正,满足法治的要求,建立社会主义法治国家;有共同的原则——坚持党的领导、以人为本、保障人民权利等;有共同的主体——都是针对法院系统而言。同时,由于是不同时期出台的改革规划,所以依据现实发展的延续性,五个纲要之间也具有延续性。

第二,五个"五年改革纲要"有各自的侧重点。第一个"五年改革纲要"是法院改革的最初阶段,是一个从整体上对法院的重新定位,相比后面四个纲要而言,更多的是法律思想、法律意识上的改革,体现了对法院公正廉洁的追求,提出了"法院应该是一个什么状态"的论题。第二个"五年改革纲要"则是在第一个"五年改革纲要"的基础上对具体制度进一步完善,在强调司法公正、廉洁的同时,重视司法效率,完善审判组织和审判机构,以及对司法审判权、执行权和管理权运行的操作程序的规定和规制,提出了"法院应如何建设"的论题。第三个"五年改革纲要"进一步细化了法院内部的体制和人事制度,强调法治原则在法院改革中的重要性,是对社会主义法治理念要求的具体体现,为司法改革提供内部动力、创造可能性,提出了"法院内部建设的具体措施"。可见,第二个"五年改革纲要"侧重的是对软件设施方面的改革,而第三个"五年改革纲要"侧重的是对硬件设施方面的改革。第四个"五年改革纲要"则是以建立"以公正为核心、以依法独立审判为保障的司法权力运行体制"为重点,核心问题是从立法层面和制度上真正解决司法地方化的问题,将地方人民法院的人、财、物提高到省一级统管,使司法权的中央属性和宪法地位得以彰显。同时,建立遵循司法规律、权责明晰、权责统一、监督有序、配套齐全的审判权运行机制,即去行政化的问题。第五个"五年改革纲要"则着力打造民生司法保障网的"升级版",搭建更加普惠均等、便捷高效、智能精准的诉讼服务制度体系,切实减轻人民群众诉累;健全更加优化协同高效的组织体系和机构职能体系，切实提升审判质量、效率和公信力，免除人民对司法不公的担忧；健全更加开放、动态、透明、便民的阳光司法制度体系，完善配置多层次的诉讼制度体系，确保人民群众不仅能够公正获得诉讼利益，并且可以尽快实现。

第三，相继出台的五个“五年改革纲要”是一种自发的改革，在中央的主导下具有相当的自主性。从法院改革的主体来看，法院改革经历了一个从社会呼吁到顶层设计、从由学者理论分析而被动修改到法院主动规划改革的过程，经历了一个从外发型被动改革到内发型主动改革的转变过程，整个过程清晰记载了司法改革主导权由外到内的转变。法院改革由原来的被动修正，转变为由中央主导、法院主动紧密配合、社会各界广泛参与讨论的国家统一行动，在这其中最重要的就是法院主体在整个改革中地位的提升——从“被改革者”到改革的“发动者”。这种转变的意义在于改革的主动性和彻底性，它有利于消除原来法院改革中隔靴搔痒的做法，从法院内部制度和模式这些根源上找原因，从根本上解决问题，不给那些在原有不合理、不符合现实国情的模式下产生的弊端留有生存环境和复发的可能。而且由法院自己主动改革，更熟悉业务环境，更能够迅速找出问题之所在，对症下药。

第四，改革内容从单一走向全面，改革层次不断深入，从工作机制到司法权配置。在某种程度上，改革内容和层次的变化可以说是和改革主体的变化相对应的。或者说，正是因为改革主体的变化——更突出法院的主导权，才产生法院改革的彻底性、改革内容的全面性和改革层次的深入性。我们可以看到法院改革涉及的内容不断拓展，不仅涉及具体要修改的内容，还涉及改革的目标、改革应坚持的原则以及提出对继续深层次改革进行深入探索的要求。如对审判方式的改革、对审判组织形式的改革、对法院人事管理制度的改革、对法院工作人员素质要求的改革、监督机制的改革和法院运行各方面管理的改革，这些都从法院运行机制、司法制度这些本质问题来进行改革,也说明了改革层次的深入性。所以相对于原来的法院改革来说,这是一次全面性的、彻底的、深层次的改革。

第二节 人民法院司法权配置与运行机制的改革目标与指导思想

党的十八届三中全会提出“深化司法体制改革,加快建设公正高效权威的社会主义司法制度,维护人民权益,让人民群众在每一个司法案件中都感受到公平正义”。具体包括以下几个方面的内容:一是要维护宪法法律权威,把全面贯彻实施宪法提高到一个新水平;二是确保依法独立公正行使审判权,改革司法管理体制,推动省级以下地方法院人、财、物统一管理,探索建立与行政区划适当分离的司法管辖制度;三是建立符合职业特点的司法人员管理制度,完善司法人员分类管理制度;四是健全司法权力运行机制,加强和规范对司法活动的法律监督和社会监督;五是改革审判委员会制度,完善主审法官、合议庭办案责任制,实现让审理者裁判、由裁判者负责;六是完善人权司法保障制度,进一步规范查封、扣押、冻结、处理涉案财物的司法程序,健全错案防止、纠正、责任追究机制,严禁刑讯逼供、体罚虐待,逐步减少适用死刑罪名,废止劳动教养制度;七是健全国家司法救助制度,完善法律援助制度。十八届四中全会更是我国改革开放以来执政党第一次以“依法治国”为主题的中央全会,此次会议提出要完善司法体制,推动实行审判权和执行权相分离的体制改革试点,探索实行司法行政事务管理权和审判权相分离,设立巡回法庭审理跨行政区域重大行政和民商事案件,变立案审查制为立案登记制,完善审级制度,健全内部监督制约机制,推进以审判为中心的诉讼制度改革,加强人权司法保障等。党的十八届三中全会、四中全会的召开，无疑为我国的司法权配置与运行机制改革带来了新的机遇。当然，本轮司法权配置与运行机制改革涉及的层级主要是省级以下人民法院，最高人民法院主要是出台各种改革方案，对改革进行指导，涉及最高人民法院本身的改革内容相对并不多，主要是涉及巡回法庭的建设等。因此，本书所论述的改革内容，主要是针对省级以下地方人民法院的司法权配置与运行机制改革。

一、人民法院司法权配置与运行机制改革的目标

人民法院司法权配置与运行机制建构模式的选择与其内在的精神结构有着紧密的联系，司法权配置与运行机制建构和调整通常意味着在一定的价值规范支配下进行选择。人民法院司法权配置与运行机制的运作是审判机关和审判人员将法律应用于具体案件的处理活动，这个过程是在一定价值规范支配下，为实现预期的法律价值而开展的，司法公正就是其中一个核心价值。要建构具有保障司法公正功能的体制，必须自觉树立司法公正的价值观念，并将其自觉融入体制当中。也就是说，人民法院司法权配置与运行机制的构建应当将司法公正作为自己的价值取向，体制的建构和运作都应该有利于实现司法公正。事实证明，人民法院司法权配置与运行机制的不合理设计会极大地损害司法公正。要维护和实现司法公正，就必须对人民法院司法权配置与运行机制存在的妨碍司法公正的弊端有一个清醒认识，并在人民法院司法权配置与运行机制的改革中自觉加以革除。具体而言，经过改革的人民法院司法权配置与运行机制应该实现以下目标：

（一）有利于实现实体公正

人民法院司法权配置与运行机制的构建应当有利于实体法目的之落实，因此，改革的目的一方面要有利于发现案件真实，另一方面要能够将实体法律正确应用于具体案件的处理。比如法官的选

任，制定的选任标准必须使选任的法官具备发现案件法律事实和正确适用法律的能力。而一些刚刚大学毕业的学生，刚从法学院步入法院，虽然有一定的理论基础，但由于实践经验不足，即使其已经通过了司法考试，也不应直接选任为法官。另外，审判权的行使必须具有独立性，人民法院的司法权配置与运行机制应当通过强化分权结构和为法官提供职业保障等措施，排除其他权力或者因素对司法活动的干扰，尤其是在改革中要做到司法的去地方化和去行政化。

（二）有利于实现程序正义

不严格遵守诉讼程序的现象，原因有很多，一方面与我国的诉讼法本身缺乏对违反程序的不利后果的预先设定有密切关系，另一方面也与我国司法人员长期以来形成的重实体、轻程序的意识有关。但除此之外，其与司法权配置与运行机制的不合理设计也存在相当密切的关系。比如，我国的诉讼法虽然规定了合议庭有权独立作出判决，但由于法院内部存在较为普遍的行政化现象、科层化结构，合议庭实际上并不能完全行使法律赋予的权力。最明显的例证莫过于我国法院当庭宣判率过低。就刑事案件来看，所有适用普通程序审理的案件，基本上不会当庭宣判，即使是适用简易程序审理的刑事案件，当庭宣判的案件一般也是事前已经征求了庭长、分管院长的意见。民事案件则几乎从来没有当庭宣判。可以说，当庭宣判的方式，在实践中已经被弃置不用，这其中的主要原因，与案件承办法官无权自行决定案件的处理结果有很大关系。这种体制，没有将法官的权利与责任结合在一起，经过审批的案件如果是错案，由谁来承担责任也没有明确的规定，而法官为了减少自己承担责任的概率，在遇到难办案件时，往往会将案件提交审判委员会讨论，或者向上级法院请示后再定案。这种做法，均在程序上损害了当事人的诉讼权利。

（三）有助于增进司法廉洁

缺乏有效的保证廉洁的机制，是司法领域滋生腐败的原因之一。我国司法腐败现象日趋严重的事实表明，司法体制中缺乏切实有效的遏制腐败的机制，或者已经设置的机制（如自上而下的行政化控制）不能有效地发挥作用，需要通过司法改革来增进廉洁和遏制腐败。比如法官现行的工资福利待遇问题，由于法官实行与行政机关的公务人员一样的工资福利待遇，但法官的工作量却多很多，近年来随着案件量的大量增长，法院的案多人少矛盾也更加突出。但法官的工资收入却普遍很低，欠发达地区与发达地区相比法官的收入差距可达3倍至5倍，法官的收入与同为法律共同体的律师收入相比差距更大。这种差距无形中会使法官产生不平衡心理，并不利于促进司法廉洁。

（四）有利于提高诉讼效率

通过诉讼渠道解决法律纠纷，如何以较少的司法资源投入，取得较大的收益，这是立法机关、司法机关和诉讼参与人乃至一般民众都十分关心的问题。当代诉讼越来越关注诉讼效率问题，其结果是促成了简易速决程序的确立，如对于情节较轻或者被告人自愿供述有罪的案件等采取相对于普通程序而言简洁明快的程序，对小额诉讼实行一审终局制度等，以减少司法资源的不必要浪费。而要提高诉讼效率，一方面要提高法官的职业素质，确保改革后留在员额制内的法官都是法院的精兵强将；另一方面，也必须去除当前人民法院普遍实行的案件审批制度，达到去行政化的改革目的。

二、人民法院司法权配置与运行机制改革的指导思想

（一）科学认识我国现阶段的法治国情

深化人民法院司法权配置与运行机制改革，需要总体把握和科学认识我国改革发展的阶段性特征。我国仍处于并将长期处于社会主义初级阶段是一个基本国情，而且在不同时期和不同发展阶段上，我国国情也有特定的和具体的阶段性特征。从内容上看，可以概括为三点：即我国正处于改革攻坚期、社会转型的风险期和大国

成长的关键期。①

改革攻坚期、社会转型风险期和大国成长关键期，不仅是我国改革发展的阶段性特征，也构成了现阶段我国法治国情的最主要内容。全面推进依法治国，建设社会主义法治国家，深化司法权配置与运行机制改革，在当前必须要处理好法治建设与上述“三个时期”的关系。

第一，我国正处于社会转型风险期，治理社会问题、降低社会转型风险是法治建设的重要阶段性使命。我国仍处于从传统农业向现代工业和信息社会转型的过程中，所谓社会转型，就其一般意义而言，主要是指从农业社会向工业社会的转型。描述社会转型有两个重要指标，一个是工业化水平，另一个是城镇化水平。从工业化水平看，我国正处于工业化的中期阶段，这是工业化进程中产生和积累社会问题最多、矛盾最尖锐的阶段。此阶段与英国在19世纪中期和美国在20世纪初期的情景相当。从城市化水平看，一般认为，城市化率在30% ~70%阶段是城市化的加速期。我国在2012年城市化率超过50%，仍处于城市化的加速期阶段，目前仍以每年大致1%的速度向前推进，即每年大致有1300万人从农村流入城市。②由此产生了大量的社会问题，包括失业、贫困、犯罪、住房、教育问题等。应该看到，由工业化和城市化引发的各种社会问题都是社会转型的成本，这是任何一个奔向现代化的国家都必须经受的。然而，如何运用经济的、行政的和法律的手段治理这些问题，各国的做法不同、情况不同，效果也有很大差异。在19世纪中后期，英国作为第一个工业化国家，在解决上述问题方面经历了一个逐渐认识和觉醒的过程，因而解决问题的时间也拖延得比较长。由于有英国作为榜样，德国在解决这方面问题的自觉意识就比较强，行动也比较有效

① 参见中国法学会编：《法治中国建设问答》，法律出版社2015年版，第3页。

② 同上书，第4页。

彻底。美国各州在19世纪晚期制定了许多相关的法律,力图解决工业化、城市化带来的各种问题,但许多相关努力被当时保守的最高法院宣布违宪,使问题的解决大为拖延。这也在一定程度上促成了1929年经济危机的爆发。当前,我国正处于工业化和城市化的中期阶段,也是由社会转型带来的各种社会问题最集中涌现的时期。通过法律治理努力解决相关问题,特别是从人民群众反映最强烈的问题入手,化解社会矛盾,降低转型风险,是法治建设面临的重要阶段性使命,更是深化司法权配置与运行机制改革应当切实加以注意的问题并为之努力的方向。

第二,我国正处于改革攻坚期,落实"经济体制改革是全面深化改革的重点"的要求,处理好法治建设与经济改革的关系,是现阶段国家总体改革的基本要求。现阶段我国正处于改革攻坚期,主要是指经济社会领域的改革攻坚期。处理好法治建设与改革攻坚的关系,其实就是处理好法治与经济建设和经济体制改革的关系。十八届三中全会提出六大领域的改革,即经济体制改革、政治体制改革、文化体制改革、社会体制改革、生态文明体制改革和党的建设制度改革。这六大领域的改革中,经济体制改革是重点,其他五个领域的改革既要遵循自身规律合理有序推进,又要自觉服务和围绕经济体制改革,司法权配置与运行机制改革自然也不例外。

第三,我国正处于大国成长的关键期,法治建设必须要处理好与大国成长不同阶段的关系,使法治建设与我国大国成长的历史进程相结合。由于国际经济形势变化,我国已于2011年"提前"成为世界第二大经济体,并有望早于2030年成为世界第一大经济体。纵观过去百年历史,"世界第二"的位置是十分关键、敏感和充满风险的。要顺利实现从"世界第二"向"世界第一"的跨越,关键在于处理好本国内部的问题,包括法治建设与大国成长的关系。未来6~10年是我国实现大国成长的关键期。司法现代化作为社会现代化的重要组成部分,理应与我国的大国成长进程相结合,在现阶段首先服务于我国作为世界经济大国成长的进程,并为我国作为政治文明大国崛起创造条件。就法治建设与大国成长的关系而言,要特别处理好两方面问题。一方面,法治建设和法治文明的成长,是中国特色社会主义政治文明的内在品质。我国的大国成长进程,也是社会主义法治的成长过程。两者是内在统一和相互促进的。另一方面,在当代国家间互相博弈的政治舞台上,法治建设领域本身也是国家间政治较量的博弈点。法治建设的总体布局与步骤安排,如果不与大国成长的总体进程与合理步骤安排相符合,如果不考虑或不善于科学评估法治建设自身所有的风险与负面效应,就不会达到法治兴国、法治强国的目的。因此,必须处理好法治建设与大国成长的关系。当前我国处于社会转型风险期和大国成长关键期的特殊历史时期,应该注意加强司法权配置与运行机制改革的风险评估,比如审判与执行的权力配置问题,涉及根本体制的改革,必须要充分考虑各种方案可能带来的风险。

(二)准确理解全面推进依法治国的新思路、新目标、新任务

党的十八届三中全会通过的《中共中央关于全面深化改革若干重大问题的决定》提出,建设法治中国,必须坚持依法治国、依法执政、依法行政共同推进,坚持法治国家、法治政府、法治社会一体建设。十八届四中全会审议通过的《中共中央关于全面推进依法治国若干重大问题的决定》,站在党和国家事业发展全局的战略高度,提出了全面推进依法治国的总目标和重大任务,深刻回答了在当今中国建设什么样的法治国家、如何建设社会主义法治国家等一系列重大理论和实践问题,为坚持走中国特色社会主义法治道路提供了根本遵循,指明了前进方向。根据相关决定和习近平总书记的系列讲话精神,全面推进依法治国的新思路、新目标和新任务,主要体现在以下几个方面:

一是建设中国特色社会主义法治体系。建设中国特色社会主义法治体系,就是要形成完备的法律规范体系、高效的法治实施体系、

严密的法治监督体系、有力的法治保障体系,形成完善的党内法规体系,共同推进依法治国、依法执政、依法行政,形成法治国家、法治政府、法治社会三位一体新格局,为国家治理体系构建坚实的宪法基石和法治基础。

二是坚定不移走中国特色社会主义法治道路。经过60多年的探索和实践,我们成功开辟出了一条符合中国国情,能够切实维护人民权益、维护社会公平正义、维护国家安全稳定、保障经济持续发展的法治道路,这就是中国特色社会主义法治道路。这条道路的鲜明特征在于:第一,坚持党的领导、人民当家作主、依法治国有机统一;第二,坚持依法治国、依法执政、依法行政共同推进,坚持法治国家、法治政府、法治社会一体建设,坚持国家法制统一前提下的政府法制、地方法制、行业法制的协调发展;第三,坚持依法治国和以德治国相结合;第四,坚持从当代中国的国情出发,注重借鉴人类法治文明,传承中华优秀法律文化。

三是全面推进科学立法、严格执法、公正司法、全民守法。科学立法是依法治国的前提。依法治国,必须坚持立法先行,发挥立法的引领和推动作用。要恪守立法为民,使每一项立法都符合宪法精神、反映人民意志、得到人民拥护。坚持立改废释并举,增强法律法规的及时性、系统性、针对性、有效性。加强重点领域立法,加快完善体现权利公平、机会公平、规则公平的法律制度。实现立法和改革决策相衔接,确保重大改革于法有据、立法主动适应改革和经济社会发展需要。

四是在法治轨道上推进国家治理体系和治理能力现代化。法治是国家治理现代化的基本载体。现代法治为国家治理注入良法的基本价值,提供善治的创新机制。推进国家治理现代化,从本体上和路径上就是推进国家治理法治化。国家治理体系本质上就是国家制度体系,只有通过法制化,将各种国家治理制度上升为宪法和法律,以法律的普遍约束力和国家强制力保证其实施,才能提升国家治理体系的执行力。

五是树立宪法法律权威,依法规范和制约公权,切实尊重和保障人权。全面推进依法治国,必须树立宪法法律权威。宪法和法律是全体人民共同意志的凝结,维护宪法和法律的权威,就是维护党和人民共同意志的权威。要建立健全全社会忠于、遵守、维护宪法法律的制度,通过宪法日、政府法律顾问制度、国家工作人员正式就职时向宪法宣誓制度等,让人们感受到宪法法律就在身边,与每一个人的切身利益密切相关。

(三)正确把握法院司法权配置与运行机制改革的理论基点、逻辑结构与改革路径

人民法院的司法权配置与运行机制改革应当立足于回答和解决两个基本问题:其一,法院到底是干什么的?其二,法院工作追求的价值目标到底是什么?[①] 第一个问题关系到司法权的权力属性,第二个问题关系到司法权的价值归属。在权力属性上,司法权属于判断权、中央事权。在价值归属上,改革的核心价值和终极目标为"让人民群众在每一个司法案件中感受到公平正义"。这两者是人民法院司法权配置与运行机制改革的理论基点,为深化法院司法权配置与运行机制改革提供了强大的思想理论武器,明确了改革的价值目标和导向,是我们在开展法院司法权配置与运行机制改革过程中首先要把握的。

以国家判断权和公平正义论作为法院司法权配置与运行机制改革的理论基点,紧紧围绕司法为民、公正司法的工作主线,构建了判断权的主体要件、判断权的运行机制、判断权的体制保障三大相

---

① 参见贺小荣:《人民法院四五改革纲要的理论基点、逻辑结构和实现路径》,载《人民法院报》2014年7月16日,第5版。

互依存、相互制约的逻辑架构。① 依托该逻辑架构，即可正确把握法院司法权配置与运行机制改革的基本路径。

判断权的主体要件主要是由谁做法官的问题。司法权作为一种判断权，其判断主体的素质直接决定和影响裁判结果的品质。因此，建立科学而又严格的法官制度是人民法院司法权配置与运行机制改革的逻辑起点之一，是我们在司法权配置与运行机制改革进程中要重点关注的问题：一是要建立法官员额制度。根据法院辖区经济社会发展状况、人口数量、案件数量等基础数据确定法官员额，提高法官任职年龄和入职门槛，对各级法院法官统一实行员额管理，原则上只能在法官员额空缺的情况下，方可启动补充选任法官的程序。二是要推进法院人员分类管理改革。以法官为中心，健全法官、审判辅助人员、司法行政人员各自单独的职务序列，适当增加审判辅助人员的比例，让法官从繁琐的、与行使判断权与裁量权无关的事务中解脱出来。三是要建立法官逐级遴选制度。在省一级成立公开、公正、独立、开放、多元的法官遴选委员会，健全初任法官首先到基层法院任职的机制，建立上级法院法官原则上从下一级法院遴选产生的工作机制，打通基层法院法官逐级晋升的通道。四是要完善法官等级定期晋升机制。确保不担任领导职务的一线办案法官在年度考核条件下可以按照法定年限晋升至较高的法官等级，这种定期晋升的可预见性和法定性可以大大排除法院内部管理的行政化，为法官依法独立公正行使审判权提供制度保障。五是要建立法官惩戒制度。在省一级设立由法官代表和法律职业共同体人员参与的法官惩戒委员会，制定公开、公正的法官惩戒程序，既确保法官的违纪违法行为及时得到应有惩戒，又保障其辩解、举证、申请复议和申诉的权利。

---

① 参见贺小荣：《人民法院四五改革纲要的理论基点、逻辑结构和实现路径》，载《人民法院报》2014 年 7 月 16 日，第 5 版。

判断权的运行机制主要是改革裁判的形成过程。人民法院司法权配置与运行机制改革要将破除审判权运行的行政化作为其改革的价值取向,同时要恪守必要的理性和冷静:一是要完善主审法官、合议庭办案责任制。独任制审判模式以主审法官为中心,配备必要数量的审判辅助人员。合议制审判模式由主审法官担任审判长,配备与合议庭工作量相适应的审判辅助人员。主审法官作为审判长参与合议时,与其他合议庭成员权力平等,但负有主持庭审活动、控制审判流程、组织案件合议、避免程序瑕疵等岗位责任。完善合议庭成员在阅卷、庭审、合议等环节中的共同参与和制约监督机制。科学界定合议庭成员的责任,既要确保其独立发表意见,也要明确其个人意见、履职行为在案件处理结果中的责任。二是要明确院长、庭长与其职务相适应的审判监督职责。健全院长、庭长对重大、疑难、复杂案件的监督机制,建立院长、庭长在监督活动中形成的全部文书入卷存档制度。建立主审法官、合议庭行使审判权与院长、庭长行使监督权的全程留痕、相互监督、相互制约机制。三是要完善审判委员会工作机制。合理定位审判委员会职能,健全审判委员会讨论事项的先行过滤机制,规范审判委员会讨论案件的范围,完善审判委员会议事规则,建立审判委员会委员履职考评和内部公示机制。四是要规范上下级法院的审级监督关系。强化审级监督的纠错功能,严格规范上级法院发回重审和指令再审的条件,完善发回重审和指令再审文书的公开释明机制和案件信息反馈机制。五是要改革法院考评机制。区分管理性指标和研究性指标的不同功能,废止没有实际效果的考评指标和措施,取消违反司法规律的排名排序做法,发挥考评机制对人民法院公正司法的服务、研判与导向作用。六是要推进裁判文书说理改革。建立裁判文书说理的评价体系,将裁判文书的说理水平作为法官考评和遴选的重要因素。根据不同审级和案件类型,实现裁判文书的繁简分流。加强对当事人争议较大、法律关系复杂、社会关注度较高的一审案件,以及所有的二审案件、再审案件、审判委员会讨论决定案件裁判文书的说理性。对事实清楚、权利义务明确、当事人争议不大的一审民商事案件和事实清楚、证据确实充分、被告人认罪的一审轻微刑事案件，使用简化的裁判文书，通过填充要素、简化格式，提高裁判效率。七是要进一步加大司法公开力度。建立庭审公告和旁听席位信息的公示与预约制度，推进庭审全程同步录音录像，规范以图文、视频等方式直播庭审的范围和程序，建立全国法院信息交换、审判流程公开和网上诉讼公告办理平台，完善裁判文书和执行信息公开平台，建立减刑、假释公开制度。

判断权的机制保障是确立裁判公正的前提条件。如果判断主体的物质装备、经费保障、职级晋升、住房保障、工资福利没有相对的独立性，或者要受制于被裁判的对象，裁判结果的公正性自然会大打折扣。针对现行审判权运行的物质制约、机制缺憾、机制保障等诸多方面存在的问题，要明确以下改革举措：一是推进人民法院经费保障体制改革。配合中央有关部门，推动省级以下地方法院经费统一管理机制改革，确保地方法院预算安排的经常性支出不低于改革前的实际水平。二是总结海事法院、铁路运输法院和直辖市中级法院一些好的经验，配合中央有关部门，健全完善跨行政区划的司法管辖制度。三是在重大、疑难、复杂案件较多的地方，建立上级法院派出巡回法庭工作机制。四是深化案件管辖制度改革。通过提级管辖和指定管辖，确保行政案件、跨行政区划的民商事案件和环境保护案件得到公正审理。五是推动设立知识产权法院，发挥知识产权法院跨行政区划审理案件的示范引导作用。六是进一步明确四级法院的职能定位，强化上级法院审级监督的纠错功能和确保辖区范围内统一法律适用的功能。七是改革涉诉信访制度，完善诉访分离工作机制，明确诉访分离的标准、范围和程序，健全涉诉信访终结机制，依法规范涉诉信访秩序。八是强化最高人民法院的监督指导职能，进一步发挥最高人民法院在维护国家法制统一、树立国家司法权威、统一法律适用标准方面的引领和示范作用。

三、人民法院司法权配置与运行机制改革的理念与原则

司法权配置与运行机制改革的理念与原则作为改革遵循的基本准则，贯穿改革全过程。理念与原则的改革意味着一国司法改革“精神”的调整。司法权配置与运行机制改革顺利进行并取得更大成绩，很大程度上取决于立法和司法的正确理念和基本原则的树立。

（一）人民法院依法独立行使审判权的特点与改革展望

我国司法制度的建设应当立足中国实际形成与中国政治体制相适应的司法制度。我国《宪法》第131条规定：“人民法院依照法律规定独立行使审判权，不受行政机关、社会团体和个人的干涉。”我国《人民法院组织法》以及《刑事诉讼法》都有与《宪法》同样的规定。这些规定形成了中国特色社会主义的人民法院依法独立行使审判权原则。

1. 人民法院依法独立行使审判权的主要特点

根据我国《宪法》及法律规定，中国特色人民法院依法独立行使审判权原则与西方国家相比，具有如下主要特点：

第一，独立的主体不同。西方国家所讲审判权独立是法官个人的独立，即“法官独立行使职权，只服从法律”，并通过一系列制度保障法官独立裁判。我国人民法院依法独立行使审判权是法院作为整体的独立，而不是作为个体的法官的独立。法院内部设立审判委员会，作为审判组织对重大案件的处理具有决定权。根据我国法律规定，审判的主体有三种法定的审判组织，即独任法官、合议庭和审判委员会。其中，《刑事诉讼法》（2012年修正）第180条规定，“对疑难、复杂、重大的案件，合议庭认为难以作出决定的，由合议庭提请院长决定提交审判委员会讨论决定”，审判委员会处理的案件应当只是小部分疑难案件。且随着司法责任制的不断推进，最高人民

法院《关于完善人民法院司法责任制的若干意见》对审判委员会讨论案件范围作出了限制，“审判委员会只讨论涉及国家外交、安全和社会稳定的重大复杂案件，以及重大、疑难、复杂案件的法律适用问题”。据此，司法实践中，审判委员会讨论案件数量大幅下降。从发展的角度看，审判委员会会逐步过渡到非审判组织。可见，在我国，合议庭、独任法官是主要审判组织。

第二，独立的程度不同。考察域外各国宪法文本及司法实践可以发现，域外之审判独立较少受外界制约，即法官独立审判，只服从宪法和法律，其他任何权力不得干预法官的审判。我国法院依法独立行使审判权，不受其他行政机关、团体和个人的干涉，其独立性是相对的。首先，司法机关要接受党的领导。党领导社会主义各项事业建设是我国的一项宪法原则，司法机关也必须接受党的领导。其次，司法机关要接受权力机关的监督。按照《宪法》第 133 条和第 138 条规定，人民法院由各级人民代表大会产生，向同级人民代表大会负责并报告工作，接受人民代表大会的监督。

2. 确保人民法院依法独立行使审判权的几点思考

我国 1954 年《宪法》规定了人民法院独立行使职权的原则，后来有所波折。1982 年《宪法》重新恢复了司法机关依法独立行使职权的规定，虽然在实施过程中存在一定的困难和阻力，但总体来说还是在曲折中得到了维护。

党的十八大报告中强调要“进一步深化司法体制改革，坚持和完善中国特色社会主义司法制度，确保审判机关、检察机关依法独立公正行使审判权、检察权”。十八届四中全会《决定》进一步明确相应的改革举措。结合现阶段司法机关依法独立行使职权存在的实际问题及中央最新的深化司法改革的精神，笔者认为应当通过改革进一步理顺以下几方面的关系，以确保司法机关依法独立行使职权。

第一，司法机关与党的领导的关系。在我国，司法机关必须坚持党的领导,这是毋庸置疑的。但党的领导主要应当是政治上和组织上的领导以及方针、路线的领导,原则上不能干预对具体案件的审理。早在1979年《中共中央关于坚决保证刑法、刑事诉讼法切实实施的指示》中,党中央就明确指出,“加强党对司法工作的领导,最重要的一条,就是切实保证法律的实施,充分发挥司法机关的作用,切实保证人民检察院独立行使检察权,人民法院独立行使审判权,使之不受其他行政机关、团体和个人的干涉”,并明确宣布“中央决定取消各级党委审批案件的制度”。1986年《中共中央关于全党必须坚决维护社会主义法制的通知》进一步明确,“司法机关党组提请党委讨论研究的重大、疑难案件,党委可以依照法律和政策充分发表意见。司法机关应该认真听取和严肃对待党委的意见。但是,这种党内讨论,绝不意味着党委可以代替司法机关的职能,直接审批案件。对案件的具体处理,必须分别由人民检察院和人民法院依法作出决定”。党的十八届四中全会《决定》还提出,“各级党政机关和领导干部要支持法院、检察院依法独立公正行使职权”;又提出“建立领导干部干预司法活动、插手具体案件处理的记录、通报和责任追究制度”。《关于完善人民法院司法责任制的若干意见》还规定将记录留痕作为法官的义务,“法官受领导干部干预导致裁判错误的,且法官不记录或者不如实记录,应当排除干预而没有排除的,承担违法审判责任”。以上所规定的措施对党委及其领导违法干预司法机关办案起较大的制止和预防作用。

第二,司法机关与权力机关的关系。根据我国《宪法》的规定,人民法院由各级人民代表大会产生,向同级人民代表大会负责并报告工作,接受人民代表大会的监督。对于人大监督法院工作的具体方式,根据2006年制定的《各级人民代表大会常务委员会监督法》第二章“听取和审议人民政府、人民法院和人民检察院的专项工作报告”的规定,人大常委会对法院的工作监督,主要是采取听取和审议两院的专项工作报告、执法检查和视察等形式,没有规定对具体案件的审判可以进行直接干预。实践中，人大常委会委员或人大代表个人对具体案件的处理有意见的可以向两院反映，两院应认真对待、秉公处理，但不是必须接受。应当说，目前权力机关与司法机关的监督与被监督的关系，从立法和司法两个层面来看都是比较正常的，应当予以坚持。

第三，司法机关与行政机关的关系。行政权力干预司法权力根源于行政权的扩张属性。在我国，《宪法》第 131 条明确规定人民法院依法独立行使审判权，不受行政机关之干涉，但司法实践中有些法院和法官根本无法抵制来自行政机关的干预。造成这种不正常局面的根源在于司法保障体制的有待完善。司法保障体制有待完善可以从两方面展开。在组织保障角度，虽然依据《人民法院组织法》第 43 条规定，地方各级人民法院院长由本级人民代表大会选举，副院长、审判委员会委员、庭长、副庭长和审判员由院长提请本级人民代表大会常务委员会任免，但是法官的组织管理目前仍参照公务员进行。由于目前我国法院设置与行政区域一一对应，虽然这种设计具有明确管辖、便利诉讼等优点，但是也导致了司法机关及法官易受地方行政机关影响。在物质保障层面，地方法院经费基本上由同级地方财政拨付，法院的财政预算是同级政府财政预算的组成部分。这种人事、财政上的受制使法院难以摆脱同级行政机关的强势干预。对此问题，将在后面司法权管理体制改革中予以详述。

第四，上下级法院之间的关系。在我国，人民法院上下级之间是监督与被监督的关系。《宪法》第 132 条第 2 款规定："最高人民法院监督地方各级人民法院和专门人民法院的审判工作，上级人民法院监督下级人民法院的审判工作。"上级人民法院对下级人民法院的监督不是通过对具体案件的直接指示实现的，下级人民法院对其正在审理的案件有权独立作出裁判。上级法院应当也只能通过二审程序、审判监督程序、死刑复核程序维持下级法院正确的判决和裁定，纠正下级法院错误的判决和裁定来实现监督。实践中，上级法院有时对下级法院正在审理的案件作出指示,下级法院更经常在作出裁判前向上级法院请示。这种指示或请示汇报现象明显违背了宪法、法律的规定。最高人民法院曾多次发出通知,禁止这些不正常现象。例如,2007 年最高人民法院《关于完善审判工作监督机制促进公正司法情况的报告》指出:"最高人民法院严格禁止下级法院就个案的事实认定和如何处理进行请示,确保诉讼当事人有效行使上诉权利,确保下级法院的审级独立和二审的审级监督功能。"但因涉及业绩考核等种种情况,改革效果不甚理想,下级法院的法官为了避免上诉案件被改判,往往先请示上级法院的法官,而后再作出判决。这种做法实际上虚置了二审程序的职能。为预防案件请示的不当做法,还原审级制度功能,巩固审判权依法独立行使,应当从以下几个方面着手改进。一是制定科学合理的法官业绩考核办法。案件请示是一审法官害怕二审改判影响自身业绩考评,作出的"风险规避措施"。《关于完善人民法院司法责任制的若干意见》提出,"各级人民法院应当成立法官考评委员会,建立法官业绩评价体系和业绩档案";此外提出部分案件再审后被改判的,不得作为错案对法官进行追究,如"对法律、法规、规章、司法解释具体条文的理解和认识不一致,在专业认知范围能够给予合理说明的"。这将有助于消除案件请示的内在动因,在审级制度中实现各级法院的独立。二是部分请示案件属于不宜由下级法院审判的特殊案件,对于这些案件应当依法作程序处理,比如可以将案件移送上一级人民法院管辖。

第五,法院内部合议庭与院长、庭长的关系。在我国,对合议庭独立审判的阻碍不仅来自法院外部,也存在于法院内部,这就是具有浓厚行政色彩的院长、庭长审批案件以及庭务会议讨论决定案件制度。按照法律规定,合议庭是我国法院审理各类案件的基本组织形式。法院院长、各业务庭庭长作为法院内的领导除履行一定的行政管理职责,也参与对具体案件的审理。《法官法》(2017 年修正)

第6条规定:“院长、副院长、审判委员会委员、庭长、副庭长除履行审判职责外,还应当履行与其职务相适应的职责。”但是,“现实中,庭长、院长对审判工作的组织、协调、指导、监督的职责往往被浓缩或异化为对案件的把关权和对裁判文书的审核签发权”。[①] 这就是所谓院长、庭长审批案件制度。这种做法,事实上将庭长、院长的管理、监督权变成了不具有法律依据的审批权,削弱乃至架空了合议庭的审判职权。为改进这种不正常的办案关系,十八届三中全会《决定》提出,“改革审判委员会制度,完善主审法官、合议庭办案责任制,让审理者裁判、由裁判者负责”。对于院长、庭长不当介入案件的问题,《关于完善人民法院司法责任制的若干意见》进一步明确提出“除审判委员会讨论决定的案件以外,院长、副院长、庭长对其未直接参加审理案件的裁判文书不再进行审核签发”;同时,“对于重大、疑难、复杂的案件,可以直接由院长、副院长、审判委员会委员组成合议庭进行审理”。进一步分析,院长、庭长能够介入案件,源自法院内部运行机制中并未将审判权和行政管理权分离,院长、庭长兼管办案法官的行政事务和审判事务。因而《关于完善人民法院司法责任制的若干意见》提出“探索实行人事、经费、政务等行政事务集中管理制度,必要时可以指定一名副院长专门协助院长管理行政事务”,让院长、庭长和审判委员会委员能够和办案法官一样平等地参与办案一线工作;同时,“院长、副院长、庭长的审判管理和监督活动应当严格控制在职责和权限的范围内,并在工作平台上公开进行”,院长、副院长和庭长若对案件处理有意见,不能像以往对案件裁判作出批示,而应当依法将案件提交审判委员会讨论。当然,合议庭独立办案的制度改革不可能一蹴而就,必须充分考虑司法现状逐步推进。目前我国法官整体职业素质不高,并呈现地域发展不平衡现象,将案件完全交由合议庭独立办理,难以保证案件质量,也难

① 江必新:《论合议庭职能的强化》,载《法律适用》2000年第1期。

以抵制种种法外因素的干扰。因此,《关于完善人民法院司法责任制的若干意见》提出"建立由民事、刑事、行政等审判领域法官组成的专业法官会议,为合议庭正确理解和适用法律提供咨询意见",这种设计旨在发挥资深法官群体的智库作用,确保办案质量。当然,为了避免专业法官会议过多干涉合议庭独立办案,专业法官会议只能讨论提交的法律适用问题,且讨论意见仅具有参考价值。对此,将在下文审判机制中予以详细论述。

第六,审判权依法独立行使与法官职业稳定性的关系。法官办案,需要坚守法律,维护正义,难免得罪当事人,或者受到社会舆论的指责。因此,只有保障职业稳定性,才能顶住压力,坚持秉公办案。结合中国国情和国际经验,必须考虑以下两个问题:一是要强化法官的身份保障,尽量降低任意调动或撤职的可能性。放眼域外,罢免法官须有法定事由并经严格法定程序是诸多法治国家和地区保障审判独立性的重要途径。如在美国,要弹劾一名联邦法官,除因叛国罪、贿赂罪或者其他重罪和轻罪,或者法官未忠于职守(如职务上的故意妄为,故意并且坚持不尽职责,习惯性的品行不端,以及其他破坏司法行政,使司法机关声名狼藉的行为)的事由外,还须经严格的弹劾程序并经参、众两院通过,才能剥夺其法官资格。[①] 又如在日本,法官只有在渎职、玩忽职守或犯有严重损害法官威望的过错的情况下,才能被弹劾。一般情况下,法官的判决不妥,是不能成为被罢免的理由的。其实,在法官的身份保障方面,我国香港特别行政区已取得了成功的经验。按照《中华人民共和国香港特别行政区基本法》的规定,香港法院的法官除了因身体或精神等原因而无力履行职责,或者因为行为不检等而不宜继续担任法官外,不被免职。而且,免职须依法定程序进行。香港这种做法对审判独立的

① [美]卡尔威因·帕尔德森:《美国宪法释义》,徐卫东、吴新平译,华夏出版社1989年版,第138~140页。

保障卓有成效。根据2010年世界经济论坛的报告，就审判独立而言，我国香港特别行政区在139个国家和地区中排名第15，是亚洲最优秀的地区之一。笔者认为，我们应该通过立法对法官的身份保障作出规定。具体而言，《法官法》和《人民法院组织法》应当明确规定，法官一经人民代表大会及其常委会选举和任命，不得任意免职、撤职、调离或降低工资待遇。只有在法官因身体或精神原因不能履行职责，或因触犯国家法律或其他行为不检造成影响而不宜担任法官的情况下，且须经严格法律程序，才能对法官进行调离、免职、撤职或降低工资待遇。当然，担任领导职务的因工作需要的调动另当别论。二是要进一步提高法官的薪酬与待遇水平，这是保障法官职业稳定性的重要途径。从国外经验来看，给予法官相对较高的薪酬与待遇水平是诸多现代法治国家的通行做法。如在美国，据一项调研结果显示，2002年联邦地区法院法官的税前收入为15万美元，上诉法院的法官收入为16万美元，最高法院大法官的年收入为18万美元。破产法官和审裁法官的年收入比地区法院的法官要少10%左右，远远超过2004年美国公务员人均薪酬约7万美元的水平。又如在日本，法官的月工资最低等为93.7万日元，与处长级公务员之工资水平相当。回视我国，我国法官的工资标准实行行政机关公务员的工资标准，薪酬一直处于相对较低的水平。尽管近年来法官与公务员一样经历了多次加薪，但较之国内其他阶层仍属较低水平。这很难留住优秀法官人才，致使部分法官流失。2015年9月15日，中央全面深化改革领导小组审议通过了《法官、检察官单独职务序列改革试点方案》和《法官、检察官工资制度改革试点方案》，虽然法官员额制已完成，但是无奈相应的法官单独职务序列管理和工资增长仍处于空转状态。建立单独职务序列和进行工资制度改革，不是仅变相为法官"提职级、加工资"，而是切实建立符合司法规律和法官职业特性的管理制度。

(二)司法公信力

1. 司法公信力的内涵

汉语中"公信力"一词由"公""信""力"三字组成。"公"原指封建制度最高爵位,后来引申为大家承认的、共同的之意。《说文解字》解释"信"为从人从言,含有"信用""信任"之意。所谓"力"即力量。可见,从词意上说,公信力"是一种社会系统信任,同时也是公共权威的真实表达"。其核心是信任、信赖,这种信任的主体是社会公众。换言之,公信力主要是建立在社会公众对公权力行使的信用体验和认定的基础之上的。

司法公信力作为一种特殊的公信力,是指司法机关根据其信用所得的社会公众的信任和尊重程度,反映的是社会公众从道义上、思想上对司法的认同与信服程度,强调"公众对司法权运作的信服与尊重"。[①] 在现代民主法治社会,司法公信力应从两个视角来理解:一方面,司法公信力是司法机关对社会公众的一种信用;另一方面,司法公信力除了蕴含司法机关的信用以外,还应当获得社会公众的信任与尊重。司法机关是否具有足够的信用,最终要通过公众的评价来检验。只有社会公众普遍对司法机关具有信任和心理认同感,并因此自觉服从和尊重,司法才真正具有公信力。

2. 司法公信力的构成要素

(1)法律规则的权威性

法律规则的权威性是指法律规则具有至高无上性。法律规则的权威性不是从来就有的。在封建专制社会,崇尚的是皇权至上,皇帝旨意即是法律。直到资产阶级革命胜利以后,随着民主、法治理念的传播,法律规则才具有至上性。在现代民主法治社会,司法的

---

① 汪海燕、董林涛:《机遇与挑战:网络舆情对我国刑事司法的影响及应对》,载《中共浙江省委党校学报》2014 年第 6 期。

要义在于“把一般的法规运用于特殊情形下的具体事实”。[①] 法律规则在适用过程中能否得到社会公众严格服从与遵守,取决于法律规则本身是否具有权威性。法律规则的权威性要求法律规则一旦得到确立并以国家的名义公布,任何国家机关、单位,任何领导人和普通公民,都必须严格服从与遵守。任何违反法律规则的行为都将引起消极的法律后果,如在刑事诉讼领域里,构成犯罪要受到刑事惩罚。如果制定的法律规则没有权威性,无论其规定如何严密、体系如何和谐,都只不过是文字构筑的“牌坊”,更遑论司法的公信力。“法律必须被信仰,否则将形同虚设”正道出了法律规则权威性的真正要义。[②]

(2)司法主体的自律性

司法主体的自律性,是指司法工作人员在办理具体案件过程中,面对外部诱惑和压力时所保持的良好的自律性和对法律的忠诚。司法被视为社会正义的最后一道防线,司法工作人员具有自律力是社会公众信赖司法能够伸张正义的基础。司法工作人员在办理具体案件过程中往往享有一定的自由裁量权,在自由裁量时,司法工作人员往往会受到某种外部信息的刺激和诱导,从而影响其对法律规则和职业戒律的遵守。如果司法工作人员不能抵制这些来自外部的诱惑和压力,那么社会公众必然会对案件能否公正处理产生怀疑,从而动摇他们对司法的信心与信任。因此,要使司法获得社会公众的信任,司法主体在办理案件过程中就要抑制个人情绪、情感和欲望的冲动以及抵制外部的诱惑和压力,忠诚于法律,秉公执法。唯有如此,方能赢得社会公众心理和情感上的认同和信任,

---

① [德]马克斯·韦伯:《新教伦理与资本主义精神》,于晓、陈维刚等译,生活·读书·新知三联书店1987年版,第14页。

② [美]哈罗德·J.伯尔曼:《法律与宗教》,梁治平译,中国政法大学出版社2003年版,第3页。

形成良好的司法公信力。

(3)司法过程的公开性

司法过程的公开性,是指除法律规定的特殊情况不能公开的以外,司法活动都应当公开。司法过程公开是联合国最低限度的司法准则之一。联合国《公民权利和政治权利国际公约》第14条第1款规定:"……在判定对任何人提出的任何刑事指控或确定他在一件诉讼案中的权利和义务时,人人有资格由一个依法设立的合格的、独立的和无偏倚的法庭进行公正的和公开的审讯。"司法过程公开能够在司法运行与社会公众之间搭建信息沟通桥梁,使社会公众更加顺畅地获取司法运行的信息,使媒体更好地了解和监督司法,从而有利于加强社会公众对司法活动的信任与尊重,增强司法公信力。应当指出,虽然司法过程公开是基本原则,且随着保障人权观念的不断深入,刑事侦查活动的公开性有所加强,如特定的证据资料需向特定人公开等,但是因为刑事侦查活动关系到证据的收集和保全,主要实行的还是秘密原则。

(4)司法裁判的终局性

作为一项联合国最低限度的司法准则,司法裁判的终局性是指人民法院作出的生效裁判是案件的最后处理方案,具有终局性,除法定的情形之外,任何当事人和相关诉讼主体(包括法院),都不得动摇、推翻司法裁判。司法裁判的终局性既是司法公信力的重要标志,也是司法公信力生成的重要条件。如果司法机关作出的生效裁判可以很容易地被推翻,那么诉讼当事人的利益与命运势必长期处于不确定的状态,争议各方将无法根据司法裁判所确立的各自的权利义务去重新安排生活而陷入无休止的诉讼。这显然难以形成司法公信力。诚然,司法裁判的终局性不能绝对化。在我国,对于已经发生法律效力的裁判,如果发现其在认定事实或适用法律上确有重大错误,人民法院可依审判监督程序对案件重新进行审判,特别是发现无辜者被错判的情况,必须及时纠错,以维护人权。唯有如此，才能保障实现司法公正，更好地维护司法公信力。

3. 增强司法公信力的路径

时下，司法公信力不高，导致申诉成风、上访不断，严重影响司法"定分止争"功能的发挥，影响社会秩序的稳定，影响经济社会可持续发展的大局。如何采取有效措施增强司法公信力，这正是当前司法改革亟待解决的问题。

(1)加强法律规则的权威性

作为司法公信力的重要构成要素，法律规则权威性的核心要求是法律规则一旦被制定下来，就应当得到普遍的遵循，而不论法律规则的善恶。这是现代法律的重要特征，同时也是法治的必要条件。正如亚里士多德指出的，"法治应包含两重含义：已成立的法律获得普遍的服从，而大家所服从的法律又应该本身是制定的良好的法律"。[①] 按照程序法定原则，法官依法应当严格按照法定程序办理案件。然而，现实中法官却在法定诉讼制度以外创设出不成文的另类规则。这些另类规则未经正式颁布，外界看不见也摸不着，是一种"司法潜规则"，却构成了司法过程中真正适用的法律规则。司法潜规则破坏了法制的统一性，其弊端也日益显露。如在实践中，处理疑案的"留有余地"潜规则就导致了一些错案的发生。张氏叔侄案在有罪供述与鉴定结论不一致且缺乏其他证据证明情况下，法院留有余地地判处张某死缓、张某平有期徒刑15年，铸成了错案。同样，赵某海案，检察机关曾坚持认为证据不足，两次退回补充侦查，但法院最后并没有作出证据不足的无罪判决，而是留有余地地判处死缓，铸成了错案。司法实践证明，司法潜规则虽然有时可能有助于提高诉讼效率，但是必然导致法律规则被滥用、规避或架空，使法律规则处于失灵状态。更何况这些潜规则具有隐秘性、非法性，适用这些潜规则，会大大冲击法律规则的权威性，沉重打击我国建设

① ［古希腊］亚里士多德：《政治学》，吴寿彭译，商务印书馆1965年版，第199页。

法治社会进程中的薄弱基础。

(2)增强法官的自律力

法官是司法活动的核心与灵魂,法官在办案中无论在证据取舍、事实判断、法律适用还是判决执行上都有一定程度的自由裁量空间。如果法官缺乏自律力,只会摧毁被称为“神圣殿堂”的司法体系,更谈不上赢得社会公众对判决的信从,对司法机关的尊崇。要提高法官的抗腐能力,首先应适当提高法官的薪酬与待遇水平,降低法官腐败的可能性。如果薪酬不足以支持法官养家,那么法官就容易利用手中的审判权寻租,以贪污受贿的方式弥补他们收入上的不足。目前我国法官的工资标准实行行政机关公务员的工资标准,薪酬一直处于相对较低的水平。尽管近年来法官与公务员一样经历了多次加薪,但较之国内其他阶层仍属较低水平。因此,我国应当适度提高法官的薪酬与待遇水平,原则上略高于相同等级的公务员,以增加法官的职业认同感和荣誉感,加强法官身上的防腐元素。

(3)增加司法的透明度

司法透明是司法活动获取社会公众信任和尊重的重要手段,也是司法公正的内在要求。所谓“正义不但要实现,而且必须以看得见的方式实现”,法院以看得见的方式进行诉讼活动,并公开地作出裁判,不仅有利于司法活动过程及结果的公正,而且可以最大限度地消除当事人和社会公众的不满,大大增强当事人和社会公众对案件处理的接受程度。可以说,司法透明是社会公众对国家法治的信赖感和司法公信力的来源。

要增加司法的透明度,必须真正贯彻落实审判公开原则。审判公开是司法透明的重要内容,不仅要求法院对案件的审理(特殊情况除外)及判决的宣告应一律公开进行,而且要求裁判过程和实体处理应在裁判文书中详细反映,即强调裁判说理性。在我国,《宪法》和三大诉讼法对审判公开原则都作了规定,但是该原则在实践中往往打了折扣,特别是法官制定裁判文书过分公式化,导致“现在的裁判文书千篇一律，缺乏认证断理的过程，看不出裁判结果的形成过程，缺乏说服力，严重影响了公正司法的形象”。[①] 这种做法使外界对作出裁判的理由无从了解，其结果难以获得社会的信任。我们应当加强裁判文书中的说理部分。这不仅是拓宽司法公开的需要，也符合党的十八届三中全会《决定》的要求。十八届三中全会《决定》第九部分“推进法治中国建设”明确要求“推进审判公开、检务公开，录制并保留全程庭审资料。增强法律文书说理性，推动公开法院生效裁判文书”。

要增加司法的透明度，还应当拓宽民众参与司法的途径。民众参与司法不仅可以亲身体验司法的魅力，而且有利于公众良知与理性的法律相融合，使司法有效地反映社会的价值倾向，增强司法的公众认同，提升司法公信力。在我国，民众参与司法的重要途径是人民陪审员制度。由于种种原因该制度在实践中出现陪而不审、合而不议等现象，不能充分发挥其作用。为保障人民陪审员有效参与案件的审理，十八届四中全会《决定》明确要求“完善人民陪审员制度，保障公民陪审权利，扩大参审范围，完善随机抽选方式，提高人民陪审制度的公信度”。这为我国人民陪审员制度的进一步健全和完善提供了方向。具体而言，应从以下几方面着手：第一，降低人民陪审员的任职条件，把文化条件从大专文化程度降至“高中文化程度”，保证更多的普通公民能够参与司法过程；第二，改变现有人民陪审员的选任方式，由法院在具体案件中根据登记名单随机抽取确定；第三，人民陪审员只参与事实认定，不审理法律适用问题。在我国，人民陪审员与法官行使相同权利、承担相同义务，既参加案件事实认定，也参加法律适用的判断。然而，法律问题专业性较强，加之法律精密化、专业化程度越发增强，要求普通公民作出法律认定难度更大。与我国做法不同的是，西方国家实行的陪审制中陪审团只

① 最高人民法院原院长肖扬语。

负责认定案件事实问题,法律适用问题统一由法官负责。在借鉴西方陪审经验的基础上,十八届四中全会《决定》中指出,“逐步实行人民陪审员不再审理法律适用问题,只参与审理事实认定问题”。值得注意的是,为拓宽民众参与司法审判的渠道,河南省从 2009 年 2 月开始试行人民陪审团制度,取得了较好的社会效果。在采用人民陪审团审理的案件中,95% 的案件实现了服判息讼。① 尽管这一制度未必成熟,也未必一定能够法律化,但是其加强群众参与和监督司法的探索精神值得肯定。通过该制度,不仅可以让民众通过发表意见的形式近距离地感受审判、了解审判,增强民众对司法工作的了解、理解和监督;而且能够帮助法院集思广益,增加司法的透明度和开放度,不仅没有削弱司法的公信力,反而有利于提升司法的权威性。

(三)司法公开

1. 司法公开的理论基础

司法公开是指国家专门机关在办理案件过程中依法向社会和诉讼参与人公开有关诉讼活动和信息。需要指出的是,在三大诉讼中,司法公开须探讨的问题更多集中在刑事诉讼中,而刑事诉讼中的侦查活动具有一定特殊性,行为方式的公开性受到较大限制,因此,本部分主要以刑事诉讼中的审判工作和检察工作为视角来探讨司法公开问题。

从司法公开原则的形成脉络来看,司法公开是反对欧洲中世纪秘密审判的司法专横、法官擅断的产物。作为一项保障当事人诉讼权利的重要原则,司法公开根植于深厚的理论基础。

首先,司法公开是基于司法公正的根本要求。公正是司法的生命和灵魂。司法公正能使民众对法律形成内心确信,真诚地相信司

---

① 参见邓红阳:《全面解读河南试水人民陪审团制度》,载《法治周末》2010 年 6 月 12 日。

法的威慑力，尊重司法。其基本内涵是要求司法活动的结果和过程均体现公平、平等、正义等。司法公正是司法工作的根本目标，包括实体公正与程序公正两个方面。第一，司法公开是实体公正的根本要求。实体公正要求案件最后的处理结果是公正的，这既是当事人参与诉讼所追求的最终目标，也是社会公众关注的焦点所在。将司法活动置于阳光之下，可以促使司法人员更加自律，从而有助于正确处理案件，在一定程度上防止和矫正司法偏差。第二，司法公开是程序公正的根本要求。程序公正要求诉讼过程公正，“程序公正给当事人一种公平待遇之感。它能够促进解决，并增进双方之间的信任，没有信任，这种制度将无以复存”。① 司法公开正是使民众亲身感受正义的实现，有效增强民众对司法活动的信任和尊重。可见，司法公开是实现司法公正的必经之路。如果司法活动不遵循公开原则，那么司法公正将难以得到保障。只有建立在公开基础上，司法公正才能得到保障。

其次，司法公开源于人权保障理论。人权保障是指公民基本权利的保障，在刑事诉讼中，保障人权主要是保障诉讼参与人的诉讼权利，特别是保障被追诉人的程序人权。从司法公开原则的起源来看，司法公开是资产阶级革命胜利后为了反对黑暗、野蛮的秘密审判活动对人权的践踏而产生的。新兴的资产阶级启蒙思想家提出了“天赋人权”“自然权利”“社会契约”等学说，认为人拥有与生俱来的固有权利。作为人权保障的重要领域，刑事诉讼开始实行公开、直接、辩论的诉讼程序。其中，法国率先提出公开审判的概念，而贝卡里亚在《论犯罪与刑罚》一书中也明确提出：“审判应当公开，犯罪的证据应当公开，以便使或许是社会唯一制约手段的舆论能够约束强力和欲望。”随着公平、正义等观念的普遍传播，审判公开制

① [美]戈尔丁：《法律哲学》，齐海滨译，生活·读书·新知三联书店 1987 年版，第 241 页。

度作为一项保障人权的诉讼制度,陆续在美国、法国等国家的刑事诉讼中确立下来。由此可见,人权保障是司法公开的重要基础。我国分别于2004年及2012年把人权保障条款载入《宪法》(第33条第3款)及《刑事诉讼法》(第2条),这为我国刑事司法的人权保障提供了法律依据。为保障诉讼参与人特别是被追诉人的诉讼权利,有必要告知诉讼参与人相关权利义务,并将办案人员的办案过程置于阳光之下。贯彻司法公开原则,在各个诉讼阶段将权利告知诉讼参与人,可以使诉讼参与人了解自身在刑事诉讼过程中所享有的法定诉讼权利,而赋予诉讼参与人一定程度的程序参与权则可增加司法机关处理案件的透明度,彰显人权保障理念。

最后,司法公开与权力监督理论相契合。司法机关及其办案人员在办案中无论在证据取舍还是事实判断等方面均有一定程度的自由裁量空间,这在客观上为司法人员滥用权力提供了潜在机会。如果司法人员在行使权力过程中缺乏监督,则会增加其超越权力界限欲望,乃至利用权力寻租,谋取私利,办人情案,徇私枉法。因而必须对司法人员行使权力的行为进行有力的监督和制约。其中,作为加强权力监督与制约的重要一环,司法公开是保证“正义之船顺利穿过自由裁量这滩危险之水”的重要手段。阳光是最好的“防腐剂”,将司法活动置于阳光之下,增强了司法工作的透明度,保障人民群众的知情权,切实加强了监督主体对司法活动的有效监督。可以说,司法公开是遵循权力监督原理的必然结果。

2. 我国推进司法公开存在的问题及成因

党的十八大以来,为了推进司法改革,最高人民法院先后制定了一系列有关司法公开的文件和规定。如发布了《关于严格执行公开审判制度的若干规定》《关于加强人民法院审判公开工作的若干意见》《关于人民法院执行公开的若干规定》《关于司法公开的六项规定》《关于人民法院在互联网公布裁判文书的规定》《司法公开示范法院标准》等。然而,在推进司法公开的过程中,一些基本问题仍未得到有效解决，司法活动的实质性公开仍然明显不足。与此同时，信息技术的快速发展也带来了一些深层次问题，主要体现在以下几个方面：

首先，有的法院对某些社会关注度较高的案件的庭审限制公开。根据审判公开的要求，只要符合审判公开的案件，就应当严格公开审判。然而，我国目前司法实践中，对于应当公开审理而属于社会关注度高的重大案件，虽然必须公开审理，但由于审判压力等原因又难以真正地向社会公开，因此有的法院限制旁听人员范围，从而达到有限公开的效果。

其次，目前部分审判程序仍然不公开。比如，审判委员会有权对院长提交的重大或疑难案件进行讨论决定。而上级法院对下级法院提出的疑难问题的请示汇报，通常以口头或书面“答复”“批复”“复函”等形式给出具体处理意见。无论是审判委员会的讨论决定还是上下级法院之间的请示汇报，均被视为法院的内部程序，不对外公开。

最后，庭审公开面临着信息时代互联网技术发展所带来的挑战。信息技术日新月异，信息传播技术的新发展对司法公开的方式、途径提出了新的要求。在这样的背景下，虽然法院为应对新媒体对司法公开的要求，积极探索审判公开的新途径，要求在互联网上公布裁判文书，并积极开通官方微博、微信等推进司法公开。然而，对于如何规范信息传播的途径与内容，尚没有法律规定，亟待解决。

造成上述司法公开不足的原因是多方面的，其中最主要的原因在于对司法公开的价值认识不足。如前所述，司法公开是基于司法公正的需要、源于人权保障，且与权力监督理论相契合。然而，根据一项实证调研数据显示，刑事法官队伍中，仍然有相当一部分刑事法官对于“刑事审判公开”的理论及实践价值没有予以足够的重视，缺乏相应的关注度。当受到来自社会舆论、媒体监督、刑事法官的自身保障等方面的压力时，部分刑事法官会动摇坚持“公开审判”的决心。① 具体而言，其一，司法机关面对因社会关注度高的案件所带来的舆论压力的承受能力不足。由于多方面的原因，时下我国司法公信力仍有待进一步提高，外界对司法工作在一定程度上仍有所质疑。在巨大的压力下，把关注度高、争议性大的案件中某些可能引起争议的信息及对关注度高、争议性大的案件处理纳入舆情控制范围可谓司法机关在压力下的自保行为，实践中法院对社会关注度高的案件进行限制公开审判、控制旁听人员也就变得可以理解。其二，司法程序公开性不足也受近年来司法与媒体之间的紧张关系所影响。一般而言，司法公开离不开媒体报道，而报道案件审判的信息也是媒体的职责所在，如果司法与媒体之间的关系能够得到厘清，那么对司法公开和媒体赢得市场均大有裨益。然而，当下有的媒体在报道案件的审判时往往具有倾向性看法，对于某些社会关注度高的案件，热衷于报道案件的“花边新闻”，即把报道的关注点放在案件背后的故事等。在这种背景下，司法机关当然对媒体存在担心和戒备意识，担心媒体借案件中的某些问题大作文章，推波助澜，误导公众，使本来就难以裁判的案件更难处理。因此，司法机关对媒体报道重要案件普遍存在戒心，自然不愿意由媒体公开司法的过程。其三，司法活动公开性不足与我国法律关于司法不公开的范围不明确也有关系。审判公开是实现司法公正的有效途径，但并非所有案件的审判均应公开审判。比如，根据我国《刑事诉讼法》的规定，涉及国家秘密、个人隐私或商业秘密的案件和未成年人犯罪的案件不需要公开审理。但是，至于“涉及国家秘密、个人隐私或商业秘密”是否包括案件性质不涉及但案件所收集到的证据涉及国家秘密、个人隐私或商业秘密的情形等，相关司法解释并没有作进一步

① 参见叶青、张栋、刘冠男：《刑事审判公开问题实证调研报告》，载《法学》2011年第7期。

细化;同时,一人犯数罪或共同犯罪中只有部分罪行或部分被追诉人涉及国家秘密、个人隐私或商业秘密时应如何处理等,也并不明确;加之上述的一些具体原因,导致司法实践中法院在适用上倾向于不公开审理。

3. 进一步推进司法公开的若干设想

(1)进一步明确限制审判不公开的范围

如前所述,由于刑事诉讼法以及司法解释并没有对"涉及国家秘密、个人隐私或商业秘密的案件"作进一步细化,致使不公开审判的范围不是很明确,缺乏可操作性,导致司法实践中法院针对一些重要案件、社会关注度高的案件往往以涉及国家秘密等为由对本应当公开审理的案件采取不公开审理的方式。这种做法不仅违反了法律的规定,也不利于司法公信力的提升。实践证明,以涉及国家秘密等为由对某些重要案件、社会关注度高的案件进行不公开审理,虽然有时可能有利于服务大局,但也有可能因为司法不公开而导致质疑声不断,使司法机关更难树立权威。因此,必须进一步明确审判不公开的案件范围,杜绝本应公开审理的案件以涉及国家秘密等为由不公开审理。

众所周知,实践中刑事案件纷繁复杂,不仅有一人犯单一罪行的案件,而且有大量一人犯数罪、数人犯数罪、未成年人与成年人共同犯罪等情形。一人犯单一罪行,而该罪行涉及国家秘密、个人隐私或商业秘密的,固然属于不公开审理的范围。但是,一人犯数罪或数人犯数罪的案件中,倘若只有一个罪行涉及国家秘密、个人隐私或商业秘密,又或者未成年人与成年人共同犯数罪的案件中,倘若未成年人仅涉嫌犯一个罪行等,这些案件究竟是应当全案不公开审理还是仅涉及国家秘密、个人隐私或商业秘密的部分或未成年人的部分不公开审理,而其他部分公开审理,这亟须进一步明确。同样,所谓"涉及国家秘密、个人隐私或商业秘密的案件"是否包括案件性质不涉及但案件所收集到的证据涉及国家秘密、个人隐私或商业秘密的情形等,也需要明确解释。否则,司法实践中容易出现有的法院把本应公开审判的案件笼统地以案件涉及国家秘密、个人隐私或商业秘密为由而不公开审判的现象。因此,笔者认为,应当对不公开审理的范围作进一步明确。具体而言,第一,在一人犯数罪或多人犯数罪的案件中,除了涉及国家秘密、个人隐私或商业秘密的罪行不公开审理外,其余罪行的部分应当予以公开。在未成年人与成年人共同犯罪的案件中,除了未成年人犯罪部分不公开审理外,成年人犯罪的部分应当予以公开。这是最大限度贯彻落实审判公开原则的需要,也符合世界法治国家的通行做法。除此以外,案件不涉及国家安全、国家秘密和个人隐私内容的部分一律向社会公开。① 第二,应当明确"涉及国家秘密、商业秘密或者个人隐私的案件"是就案件性质而言的,而非就案件的证据而言。也就是说,只有案件性质涉及国家秘密、商业秘密或者个人隐私的,才能对全案不公开审理。对于案件中只是某些证据涉及国家秘密、商业秘密或者个人隐私的,除为保守秘密需要遮蔽的内容外,仍应当将案件公开审理。这是全面贯彻审判公开原则的需要,也有利于保障当事人和民众的监督权。

(2)采取有效措施排除公开审理的人为阻力,并防止审判程序"内部化"

实践中法院对一些社会关注度较高的案件人为地限制庭审公开的做法,虽然有时能减少法院的审判压力,但越是限制,就越激发人民群众了解案件处理的好奇心,而且限制公开往往给人一种"暗箱操作"之感,容易使人对案件的审理产生质疑,直接影响司法公信力。事实上,这样最终都可能引起人民群众对该案审判公开违法性的强烈质疑。因此,必须采取有效措施,避免实践中限制庭审公开

---

① 参见关升英:《美国司法公开制度及其启示——关于赴美学习考察司法公开制度有关情况的报告》,载《山东审判》2014 年第 6 期。

情形的发生。对于限制审判公开的做法,如旁听证制度等,应当严格限制条件,简化旁听手续,禁止以此限制民众旁听案件的审理,且取消不允许旁听人员记录等限制。唯有如此,才能满足民众的知情权,同时对增强司法公信力也大有裨益。

此外,对于实践中将审判委员会的讨论决定与案件的请示答复视为法院的内部程序而不对外公开的问题,必须采取有效措施,防止审判程序"内部化",使之具有公开性。首先,公开审判委员会的讨论情况。根据《刑事诉讼法》的规定,审判委员会对案件的最后决定,合议庭应当予以执行。从此意义上来看,审判委员会对案件的讨论决定也属于审判的重要环节,涉及当事人权利义务的处分。因此,按照审判公开原则的要求,审判委员会的讨论也应当接受当事人与民众的监督。具体而言,应当明确在审判委员会对案件进行讨论前向当事人公开成员名单,并在事后及时向当事人公开表决情况,包括多少人同意或不同意等。但是,对于每个具体成员如何主张,则不需要公开。其次,应当将下级法院的请示与上级法院的答复内容予以公开。由于下级法院向上级法院请示可以避免案件被上级法院改判发回,因此成为承办法官逃避责任的一种"好办法"。但是,该制度违背了上下级法院之间的监督与被监督的关系,且变相剥夺当事人的辩论权、上诉权,从长远来看,应当予以废止。在目前没有废止的情况下,如果下级法院向上级法院请示汇报,那么应当将请示与答复的内容予以公开,否则就是一种秘密审判,严重违背审判公开原则。

(3)探索以互联网技术进行审判公开的新途径

随着信息时代互联网技术的发展,信息技术、载体日新月异,信息传播技术的新发展对司法公开的方式、途径提出了新的要求。我国为应对新媒体环境对司法公开的要求,人民法院也在积极探索审判公开的新途径。如《关于司法公开的六项规定》明确规定,"人民法院的裁判文书可以在互联网上公开发布"。党的十八大以后,最高人民法院通过的《关于人民法院在互联网公布裁判文书的规定》更是要求人民法院的生效裁判文书应当在互联网公布,且设立中国裁判文书网,统一公布各级人民法院的生效裁判文书。这为裁判文书的公开提供了畅通的途径。据统计,截至 2021 年 6 月,我国网上公布的裁判文书达 1.2 亿份,这无疑大大增加了司法的透明度。此外,人民法院还逐步通过开通官方微博、微信公众号等推进司法公开。时下,视频直播、微博直播庭审成为引人瞩目的司法公开新举措。据统计,截至 2021 年 6 月,各级法院通过视频直播庭审已达 1368 万件次。毋庸置疑,视频直播、微博直播庭审有利于审判公开,使民众有效行使监督权,确保司法公正。备受社会关注的薄某来案就是通过微博直播庭审而获得民众对公正审判信任的典型案例。

第三章　人民法院司法权管理机制改革路径与方法

第一节　法院管理机制的基本理论

有学者提出，“法院是社会正义与公平的重要栖息地，是解决纠纷和保障权利的基本社会建制”，①这种观点是从法学角度对法院的基本目的和功能进行描述与定义，是从法学视角对法院的功能加以考察与研究，而在此基础上提出关于法院管理机制的改革，也多是一种审判主义的视角。而法院管理机制改革之目的，主要在于无障碍地使法院能够获取自身在运转过程中所需要的各种资源。而要实现这一目的，不能仅仅从审判主义的视角出发，应当同时结合管理学、社会学等多学科的研究，从根本上完善法院管理机

① 左为民、周长军：《变迁与改革——法院制度现代化研究》，法律出版社2000年版，第1页。

制,使法院管理不能限制审判功能的发挥,而是更进一步促进审判功能的实现。但从目前的司法环境来看,由于法院的管理职能和审判职能共存于法院这一个组织内,而管理强调更多的是科层制,审判强调的却是中立性,科层制与中立性在同一组织内的共存,导致法院面临着管理行政科层和审判中立权威的冲突问题。单纯从审判主义的视角考察法院的管理机制改革,一定程度上容易让审判的逻辑代替管理的实践。因此,对于法院管理机制改革,应从审判和管理相关联的两个层面同时进行,对法院管理结构关系进行法学、管理学和社会学等多学科的分析,从而为建立科学的法院管理机制提供正确的理论支持。

一、法院管理机制中的管理学理论基础

法院管理中的管理学理论,涉及系统管理和科层制、资源依赖与制度主义等理论基础。系统管理理论认为,法院作为一个组织,在整个社会环境中,是一个面向外部的开放系统;而单就法院本身来看,其作为一个整体,内部的多个职能部门又是其子系统,这些职能部门之间互相配合,为了一个共同的目的而形成一个整体。因此,在法院管理上,需要考虑内外部两个方面,管理者不仅要使法院内部各个职能部门之间互相协调,还要保持法院与外部社会环境之间的交流平衡。在当前的制度格局下,法院的工作方式是先从外部社会环境中获取自身运转所需要的各种资源,再将资源分配到内部各职能部门进行资源转换,最终对外输出司法产品。通过这种不断循环,维持法院自身的生存与发展。科层制理论为德国社会学家马克斯·韦伯所创,其基本特征是专业分工、等级分明、规则管理以及理性判断。① 韦伯的假设是上级的等级权威,相对于下级而言,当然

① 参见[美]彼得·布劳、[美]马歇尔·梅耶:《现代社会中的科层制》,马戎等译,学林出版社2001年版,第7页。

更具专业性。我国的法院管理,长期以来按照行政机关的模式进行,也必然存在科层制架构。比如在人员专业性对比方面,随着我国法学教育的不断发展,近年来法院新进人员多是科班出身,有一定的理论功底,其中不乏理论基础较为深厚的硕士与博士研究生,这些人员与法院内的一些老同志,尤其是个别年龄较大的领导干部相比,其专业性无疑更强;但从上下级之间的等级关系来看,新进人员仍然要听从领导干部的指挥,随着新进人员的不断增加,这种上下级之间的等级权威与专业性之间的矛盾就愈加突出。资源依赖理论认为,任何组织都不可能自给自足,必须与环境进行交换资源来维持其生存与发展,而在这种资源交换过程中,组织对提供给其资源的外部环境就会产生依赖性。① 制度主义理论和资源依赖主义理论相似,但更关心的是组织的制度趋同性问题,认为组织对资源提供者的依赖程度越大,趋同性程度就越高。②

二、法院管理机制的构成要件

法院管理是一个综合性工程,既包括内、外部权力主体之间的利益关系管理,又包括内、外部权力主体之间的沟通过程机制。而造成不同的法院管理机制之间存在区别的主要原因在于立法、行政和司法三者权力之间的利益关系、沟通方式不同,这种权力架构的不同,导致了不同的法院管理机制实行的管理标准、管理程序、管理方式、管理决策过程等方面的不同。而这一权力架构的背后,主要是法院管理所要达到的目标、管理的主体以及整个管理系统所存在的外部社会环境等。因此,法院管理机制的构成要件,主要包括管理所要达到的价值目标、权力主体、权力架构以及其运行机制等。

---

① 参见[美]杰弗里·菲佛、[美]杰勒尔德·R. 萨兰基克:《组织的外部控制:对组织资源依赖的分析》,闫蕊译,东方出版社2006年版,第2页。

② 同上书,第9页。

(一)法院管理所要达到的价值目标

任何改革,都有其所要解决的问题,以达到改革之目的,司法权配置与运行机制改革也是如此;通过司法权配置与运行机制改革,实现司法的基本价值,是改革的出发点、问题的根本。而法院管理机制的基本价值目标,是管理机制所赖以运行的基础性因素,指导整个改革的方向。在早期司法与行政不分的时代,法院管理是模糊的,管理嵌入在审判当中;随着法院管理理论的逐步发展,管理机制才独立出来,具有自己独有的价值目标。而这一目标,应当是法院管理机制的运行要围绕服务审判进行,以在外部实现法院整体独立行使审判权、在内部实现法官个人独立行使审判权,以促进司法公正、提高司法效率、树立司法权威等为其基本价值目标。

(二)法院管理机制的权力运行主体

虽然法院管理机制中资源的运用主要是法院,但其在获取资源时涉及众多主体,包括立法、行政和司法三者;而他们在法院管理机制的运行中,在解决法院问题、提供法院运行所需资源、实现司法利益等方面,出发点却是不同的。三者在法院管理机制的运行过程中,必然会考虑自身的利益问题,从而导致他们以不同的方式参与到法院管理当中,并按照一定的结构形式共同组成一个整体,既存在联系,又有所区别。在不同的法院管理机制下,这种结构形式也有所不同,有的国家是行政型的法院管理模式,国家行政机关(主要是司法部)为法院管理决策和运行的权力主体,如英国、德国、加拿大等国家;①有的国家是独立的司法委员会对法院管理进行决策,如荷兰、西班牙、丹麦、瑞典等国家;②有的国家实行法院内部自行管

① 参见最高人民法院中国应用法学研究所:《美英德法四国司法制度概况》,人民法院出版社2008年版,第339页。

② 参见朗胜主编:《荷兰司法机构的初步考察和比较》,法律出版社2003年版,第84页。

理，如美国的联邦司法会议和联邦法院行政管理局分别是联邦法院的管理决策机构和执行机构（州法院与此类似），①俄罗斯通过法院系统的人、财、物的自治来保证管理自治从而实现法院整体独立。②

（三）法院管理机制的权力结构模式

在不同的司法环境下，受不同价值目标的影响，权力主体的地位、参与法院管理的方式等都不尽相同，也就导致了立法、行政和司法在法院管理机制中发挥作用的力度、方式的不同，进而形成不同的权力结构模式。法院管理多元行为主体之间的结构安排，决定了不同主体在管理机制中所处的位置和享有的权力。在法院管理实践中，法院与党政之间的横向和纵向关系的结构安排，对于司法基本价值目标的实现起着关键性作用。因此，法院管理机制的权力结构模型塑造，需要在国家的政治与经济等基本国情下，从法院与其他机关之间横向与纵向之间关系的合理安排入手，并考虑人、财、物等法院所需资源的提供等多方面的问题。

（四）法院管理机制的运行机制

法院管理机制的运行机制是整个体制得以良好运行的软性因素，从管理学的基本理论来看，运行顺畅的机制需要有一个好的、互相配合默契的决策、执行、控制和反馈机制。其中决策机制是决定性因素，法院管理机制的权力运行主体在决策方面，需要在自身获取资源供给时与资源提供者不断进行沟通，并最终决定。科学的决策机制，能够满足民主参与、民主表达等方面的要求。简言之，决策机制的好坏衡量标准就是由谁来对法院的管理内容进行拍板决定更好的问题。决策后必然涉及实施，决策机制再好，如实施不顺畅，

① 参见最高人民法院中国应用法学研究所：《美英德法四国司法制度概况》，人民法院出版社 2008 年版，第 176 页。

② 参见刘向文、宋雅芳：《俄罗斯联邦宪政制度》，法律出版社 1999 年版，第 268 页。

则难以实现决策所要达到的目标。其中,实施机制主要包括实施主体(既包括司法人员也包括非司法人员)、实施方式等多方面内容,这主要取决于法院管理机制的模型设计。控制机制是一种保障机制,目的在于监督、保证决策的科学性和执行的有效性。反馈机制是纠偏机制,目的在于保证行为按照初始设定的正确路径进行,并时时纠正行为过程中所出现的失误或偏差。

第二节　人民法院管理机制重构方法

现实中各国法院根据其历史延续、传统文化、当代国情等因素的不同,实行的管理机制形态也有所不同。中华人民共和国的成立,未经过资本主义的过渡,从封建时期直接过渡至社会主义初期阶段,我国的人民司法制度也是在仿效苏联的司法体制基础上形成的。对于改革,我们也应当认识到,管理机制的选择,并不能在现有体制模型中复制一种直接使用,也不可能在已经取得的改革成果、经验基础上稍加改进即可一步达成,而是应经过一段时间的改造和适应才能够实现其改革目标。

一、人民法院管理机制的重构思路

整体而言,重构我国法院管理机制的目标,应当是有利于实现其对外整体独立行使审判权,从而达到司法去地方化的改革目标。具体而言,其构建思路可从两个方面考虑。

(一)以和国家形式相一致为改革目标

我国作为单一制国家,与美国的联邦制有根本不同,况且我国有3000多个基层法院,重划司法区进行整合,工程浩大,且没有顶层的统一规划推进也难以实现。在单一制国家,司法权的统一行使一般是其国家权力统一的表征之一。我国除港、澳、台地区外共有31个省级区域,但这仅仅是因为我国地域范围广袤,为了管理方便才进行的人为划分。各个区域虽然有其地方权力,但其地方政权的来源仍然是中央授予的,而且这种权力的授予只存在于立法权和行政权当中,司法权并无中央司法与地方司法之分。马克思主义理论关于国家政权形式的分类标准中,主要是三点:一是看国家的最高权力归属是个人还是集体;二是看最高国家权力机关的产生方式与任期;三是看中央权力机关的设置以及这些权力机关之间的互相关系、权力分配等。从马克思主义的上述理论来看,一个国家的政治制度主要是看一国的最高权力机关的形成与管理方式,与地方政权无关。我国实行的全国人民代表大会制度,属于民主集中制的权力结构形式,可以保证国家意志的统一性。在现代法治国家,这种国家的统一性,显然需要法治的统一来实现;而法院作为法律的适用机关,其司法权的国家权力属性与我国单一制的国家结构形式也是相符合的。然而从现实来看,我国法院在上下级的设置与其系统架构上,虽然与我国的单一制国家形式是相一致的,但在法院的管理机制方面却呈现出不一致的现象,出现一种分散性、地方化的现象。其权力来源虽然是法律、中央授权,也需要接受党的领导,但这种管理机制会导致在涉诉案件中涉及地方利益时,地方会暗示或要求法院维护地方利益。这种情况下,法院就陷入司法地方化和司法权中央属性产生冲突的两难境地;而法院在面临选择时,出于自身利益考量,往往会选择站在与其利益有密切联系的一方。因此,对于法院管理体制的改革,应当明确我国所实行的人民代表大会制度,其在分权方面仅仅是立法权和行政权的分权,司法权无论是在中央还是在地方,其权力属性都具有中央性,而我们的法院管理机制改革,也应围绕法院是国家的法院、司法权是中央事权来进行。

（二）以建立统一的司法管理机制为改革思路

司法权的中央属性,应当体现在从中央到地方所有司法系统的统一性,包括在法律适用过程中的程序性统一和实体性统一。为了实现这种统一性,首先应当做到的就是实现法院管理机制的统一性。当然,这种统一的管理机制,理论上也可以分为三种:一是集权制,即法院的所有管理事项统一由上级法院决定,下级法院只要服从即可。这种机制可以保证法院管理事务的统一性,但缺陷也较为明显,比如上级法院可能并不全面了解下级法院的所有现实状况,下级法院在司法管理中也没有任何创新性,只能被动服从,在我国各地经济发展很不平衡的现状下,不宜采用这种机制。二是分权制,这种机制中下级法院在其辖区范围内有相对更多的管理自主权,能够结合自身实际解决一部分问题,具有一定的积极主动性和创新性,但也有可能导致权力的行使比较分散,导致各下级法院各自为政形成本位主义,而上级法院又无法统一控制。三是均权制,这种机制一方面要求下级法院要接受上级法院的统一管理,同时下级法院在司法管理事项上有一定自主权,从而一方面保证上级权威维护法院整体的统一性,另一方面也避免了权力过度分散而导致的本位主义现象出现。我国作为一个发展中大国,地域范围很广,东、中、西部发展也不均衡。因此,一方面坚持最高人民法院的统一决策,同时地方法院尤其是高级人民法院也结合本地区的实际承担部分地方法院的管理任务,建立统一的法院管理机制,应是我国法院管理机制的改革方向。

二、人民法院管理机制的改革方法

(一)建立统一的司法管理决策和实施机制

法院不可避免地要处理诸多行政事务,目前这种管理制度的设置虽有其自身的合法性,但这种管理模式也有可能侵蚀审判制度,造成审判制度变形。因此,改革的路径应当是不排斥行政管理事务,但将管理职能与审判职能分离。[①] 管理职能与审判职能的分离,涉及法院管理的决策和实施两种机制的构建。对于决策机制的建

---

① 参见苏力:《论法院的审判职能与行政管理》,载《中外法学》1999 年第 5 期。

立,目前有两种方案可以选择。第一种方案是在法院内部成立最高管理决策机构,对全国法院重大的管理事项进行研究决定。可以在最高人民法院内部成立全国司法管理委员会,在最高人民法院选任10人作为委员,再将各省、自治区、直辖市高级人民法院院长作为委员,总体成员规模控制在40余人,既可以保证该组织的规模不是太大,同时又具有相应的民主性和参与性,可以集思广益吸收各方意见,反映各方利益,形成的决策也更容易被下级法院所接受。当然,采用这种管理机制,由于我国各地经济发展不平衡,各地法院利益不一致等原因,也可能发生各方成员所表达的观点有冲突,从而影响决策效率等问题。因此,采用这种管理机制应当注重发挥首席大法官作为管理委员会主任的作用。比如决策可以采用少数服从多数的表决制,在无法形成多数意见时,可赋予全国司法管理委员会主任以决定权。同时,在全国司法管理委员会下,可以设立相应的分委员会,如审判管理委员会、政务管理委员会、人事管理委员会等,各分委员会在全国司法管理委员会闭会期间,可以代表全国司法管理委员会并以其名义行使管理决策职能。同样,对于地方而言,在省、市两级也应成立相应的司法管理委员会,其成员选任可参考全国司法管理委员会的模式进行,职能主要是贯彻执行上级司法管理委员会的决策在本辖区内执行,并行使辖区内重要管理事项的决策。而在基层法院,则可由全体法官组成法官会议行使司法管理委员会职责,法院内的最高权力由法官集体行使,以体现管理的民主性,落实制度化、规范化管理。通过这种管理机制,可形成全国司法管理委员会和地方各级司法管理委员会之间审判事务上的监督关系和管理事务上的指导关系,同时通过上下级法院的院长和代表的"联结销",使上级司法管理委员会的决策更容易被下级法院所理解、遵守和执行。第二种方案是借鉴日本的司法管理机制,不设立全国性的司法管理委员会,而是全部由最高法院的大法官组成法官会议,行使本院和下级法院的管理决策权。理论上这种机制虽有利于法院整体上的独立，但也容易形成法院系统内部的封闭型管理机制，造成上下级法院之间的内部统制，日本的司法实践也证实了这一理论上的推测。两种方案相比较而言，笔者认为第一种方案更为适合我国的国情。

但无论采用哪种方案，法院管理机制中的实施机构都应当是统一的。对此，可在法院内部设立专门的司法管理局，并在上下级法院之间实行垂直管理，由上级司法管理局管辖本级法院和下级法院的相关行政事务。其中，全国司法管理局的局长可以由全国司法管理委员会主任进行提名，在取得全国司法管理委员会的同意后进行任免。因为全国司法管理局的职能是为全国法院提供行政支持，所以保持全国司法管理委员会对其局长的任免权，仍然具有一定的必要性。而对于地方各级司法管理局局长的任免，可以参照全国司法政务管理局的相关做法。另外，还可以根据与审判工作的联系程度，参照司法管理委员会的做法，将司法管理局相应分为审判事务管理、司法政务管理和司法人事管理等部门。

（二）人员管理制度改革方法

党的十八届三中全会通过的《决定》中提出，要建立符合职业特点的司法人员管理制度，健全法官的统一招录、有序交流、逐级遴选机制，完善司法人员的分类管理制度，健全法官的职业保障制度。《人民法院第四个五年改革纲要》也明确提出建立分类科学、分工明确、结构合理和符合司法职业特点的法院人员管理制度，包括要建立符合职业特点的法官单独职务序列；健全法官助理、书记员、执行员等审判辅助人员管理制度；科学确定法官与审判辅助人员的数量比例，建立审判辅助人员的正常增补机制，切实减轻法官事务性工作负担；拓宽审判辅助人员的来源渠道，探索以购买社会化服务的方式，优化审判辅助人员结构；探索推动司法警察管理体制改革；完善司法行政人员管理制度。对法院人员管理制度进行改革，根本原因是为了顺应司法规律、推进法官的职业化和专业化建设，使优秀法官能够真正充实在办案一线。① 根据《人民法院第四个五年改革纲要》的规划,对法院人员管理制度进行改革,主要包括以下几个方面:人员分类管理、建立法官员额制、改革法官遴选制度以及完善法官及审判辅助人员的职业保障。

1. 构建科学的人员分类管理机制

回首人民法院司法改革实践,早在21世纪初,人民法院就根据现代人力资源管理科学化发展需要和国家深化干部人事制度改革的要求,自上而下开展了法院工作人员分类管理制度的改革实践,并以法官职业化建设为主线,积极试点、探索一系列深化人民法院干部人事制度改革的重要举措。因此,我国法院系统对"分类管理"并不陌生,1999年出台的《人民法院第一个五年改革纲要》就已经包括分类管理的理念,如书记员单独序列管理和配备法官助理等。而法院官方文件正式启用"分类管理"这一术语可追溯至2002年,该年度出台的《关于加强法官队伍职业化建设的若干意见》意味着法院正式启动人员分类管理改革,但改革的结果距离预期仍有显著差距,十八届三中全会对法院"人员分类管理"的再次强调便是明证。比如书记员单独序列改革,一定程度上可以说是法院系统推行人员分类管理的一个突破口,最高人民法院于2003年专门出台了《人民法院书记员管理办法(试行)》,设定了专门针对聘任制书记员的选任程序和晋升通道。但此项改革很快遭遇各种顶层机制不健全的障碍,禁止转任法官、较低的薪酬和有限的职级晋升等机制设定降低了该岗位对社会的吸引力以及队伍的稳定性,而这三个要素却恰恰又是书记员分类管理改革所着力推崇的方面。四川省泸州市中级人民法院曾是书记员管理机制改革的试点,被作为典型向全国法院推广,但该院部分聘任制书记员却以罢工的激烈方式表达对这一

① 参见王利明:《深化司法改革,推进法院人员分类管理》,载《人民法院报》2014年8月1日,第2版。

改革的负面情绪。[1] 后来,最高人民法院在2009年前后逐步放缓推进此项改革,各地法院转而通过各种方式来“消化”这批聘任制书记员。如江苏省从2013年开始陆续将1000余名聘任制书记员转为委任制公务员,贵州省则在2011年一次性解决了122名聘任制书记员转任法官的问题。[2] 2013年,时任最高人民法院政治部主任徐家新在接受访谈时强调,要妥善解决聘任制书记员遗留问题,对已通过公务员考试和司法考试的聘任制书记员可经考核择优转任为法官。这无疑是以官方的声音确立了法官和聘任制书记员两大序列被重新打通。再如,法官助理单独序列改革,时任最高人民法院政治部主任苏泽林在2004年全国法院法官助理试点工作座谈会上将其定位为“实现法院人员分类管理的关键一步”,但这一改革也很快遇到了各种顶层体制的制约和系统内的抵制。改革最初采用的是以法官助理全部取代助理审判员的思路,这种改革思路对法官助理的价值认识和司法分工缺乏细致入微的思考,改革更像是法官助理与助理审判员的岗位置换,其背后的考虑之一很可能是降低法官群体的人数,而非基于职位工作性质差异的管理需要。实践中试点法院也大多依照此类转换的思路裁减部分法官,不再任命助理审判员。但随着改革的推进,法院在人事制度等方面所遇到的困难进一步暴露。首先,与书记员相比,《人民法院组织法》并未规定法官助理这一职位,最高人民法院也一直未出台统一的法官助理管理办法。其次,由于该制度推行之初采用强行转换助理审判员的方式,在法院系统内部也遇到不同程度的抵制。正因如此,最高人民法院司法改革的相关负责人也强调不能简单采取将助理审判员直接转化为法

---

① 参见郑晓静:《书记员是法官的预备队》,载《法治论坛》2008年第4期。

② 参见王禄生:《法院人员分类管理体制与机制转型研究》,载《比较法研究》2016年第1期。

官助理的方式推进改革。①

虽然以往的改革与预期存在差距,但不可否认的是,最高人民法院按照中央司法体制和工作机制改革的统一部署,在中央有关部门的大力支持下,一直在积极探索法院工作人员分类管理制度改革,研究制定、实施了一系列相关的文件规定和具体措施,为我们进一步深化改革奠定了重要基础。2011 年中共中央组织部、最高人民法院联合出台《法官职务序列设置暂行规定》及其配套文件,2012 年最高人民法院颁布实施《人民法院司法警察条例》,2013 年中共中央组织部、最高人民法院联合印发《人民法院工作人员分类管理制度改革意见》等。上述举措对于创新审判工作机制,不断优化审判资源配置,加强职业保障,激发队伍内在活力,为实现人民法院干部队伍正规化、专业化、职业化建设目标,推进审判事业科学发展奠定了良好的基础,创造了有利条件,收到了积极成效。但同样,毋庸讳言,囿于主客观各种因素、条件的限制和影响,人员分类管理的改革仍然面临着各种各样的突出问题和矛盾,需要我们进一步深化改革,以建立分类科学、结构合理、权责明晰、管理规范的人员分类管理制度。在此背景下,总结以往改革未能达到预期效果的原因就显得尤其重要。笔者认为,可以从宏观、中观和微观三个层面来解释和分析。

从宏观方面看,人员分类管理改革遭遇到了顶层体制的困局。其一,前期的改革方法会引发大规模的人事变动,涉及面广,牵涉利益多,且缺乏相应的人事支持和财政经费保障。其二,地方法院的人事权仍然隶属于地方,法院系统对于法官以及审判辅助人员的管理缺乏足够的话语权。法院系统尤其是基层试点法院无力以一己之力突破法院工作人员待遇低、在政法权力体系中处于弱势、晋升

① 参见贺小荣、何帆:《贯彻实施〈关于全面深化人民法院改革的意见〉应当把握的几个主要关系和问题》,载《人民法院报》2015 年 3 月 18 日,第 5 版。

空间有限、职业风险高等难题。

从中观层面看，人员分类管理改革在机制上有“分类”但却没有“分类管理”。其一，人员分类管理改革是按照编制而非按照职位分类管理，这种“分类管理”的结果便是在同一个法院。以书记员为例，同为书记员，但编制却可能有公务员编制、事业编制、合同制等，不同编制的书记员工作内容近似，但待遇、晋升和管理则有根本差异。其二，同一编制内有“分类”无“管理”，没有按照职位的性质和特点进行分类管理，在编的法官、书记员、法官助理、法警等人员均由地方组织部门根据公务员的选任程序进行招聘，都从属于党政干部的序列。

从微观层面看，主要是法院内部单一行政化的桎梏。法院内部的行政化实际上也是人员分类管理推进的重要障碍，虽然通过近十余年的改革，法院的行政化有所触动，但整体仍然未被扭转。分类管理意味着提升普通法官在法院内部结构中的地位，提升普通法官和审判辅助人员的薪酬和级别，这样的改革无疑会在不同程度上触及原有行政管理人员的“奶酪”。纵观党的十八大后的司法改革在现实中面临的困境，大抵与行政化有千丝万缕的关系。

通过上述分析，笔者认为，构建科学的人员分类管理体制，应从以下三个方面考虑：

第一，正如前文指出的那样，前一阶段法院工作人员分类改革未达到预期效果的重要原因之一是缺乏顶层设计的支持，但在党的十八届三中全会后，全面推进司法改革已经成为各界共识。法院推进人员分类管理所受到的顶层制度阻碍有望被逐步打破。因此，应当借此机会构建省级统管的司法行政管理机制，也即前文提到的建立统一的司法管理决策和实施机制，实现司法行政管理权与审判权的相互分离。在此应当指出的是，实行人、财、物的省级统管后，涉及法官的选拔与任命问题。我国《宪法》规定，法院由人民代表大会产生，对其负责，受其监督。《法官法》规定地方各级人民法院院长由地方各级人民代表大会选举和罢免,副院长、审判委员会委员、庭长、副庭长和审判员由本院院长提请本级人民代表大会常务委员会任免。实行省级统管后,会在省一级成立法官遴选委员会,全省各级法院的法官均由其选拔任用,不可避免地会与现行法律规定相冲突。对此,笔者认为应当适时修改《宪法》以及《人民法院组织法》、《法官法》。当然,在《宪法》以及相关法律尚未修改的情况下,改革仍应在现行法律框架内进行,可以由法官遴选委员会对法官是否能进入员额进行考察,确定人员后仍应当由同级人大或其常委会对地方法院的院长或其他人员进行选举或者任免。

第二,在宏观体制制约改善、人事权与财政权同步匹配、统一司法行政管理机制构建的基础上,推进中观层面人员分类管理机制的改革,基于不同职位设定多元的管理机制。也即以职位的工作性质、责任轻重、难易程度和所需资格条件等进行分类,打破目前基于编制分类管理的现状,依据职位的分类建立相应的招聘、薪酬、培训和管理机制,并进一步采取差异化的管理模式。具体而言,根据法官、审判辅助人员、司法行政人员的分类,设置阶梯化的选任条件和差异化的选任程序。我国法院目前共有工作人员约 50 万人(其中编制内人员约 35.5 万人,聘用人员约 14.5 万人),改革也无法一步到位将所有法院工作人员的人事权全部上提至最高人民法院或高级人民法院。从目前来看,对于法官可以实行中级人民法院的院长由省委管理,基层人民法院院长由省委组织部管理,基层人民法院和中级人民法院其他领导班子成员委托省辖市党委管理,基层人民法院和中级人民法院的其他干部由各法院党组管理的方式管理,高级人民法院以及最高人民法院的人事目前可以保持现状。如此,在同一个省辖市范围内,各基层人民法院干部之间的交流更加便利,如南京市栖霞区人民法院的副院长调任南京市鼓楼区人民法院任副院长的渠道更加畅通等,法官之间的交流任职也同此途径。

审判辅助人员和司法行政人员的选任,可以由最高人民法院制定导向性的人事政策,由省级组织人事部门统一管理并授权具体法院负责选任。其中,根据中共中央组织部、最高人民法院出台的《人民法院工作人员分类管理制度改革意见》,审判辅助人员包括执行员、法官助理、书记员、法警、司法技术人员五类人员。对于执行员可以按照行政执法类公务员管理,具体将在下文审执分离改革中予以探讨,对于法警可以按照执法勤务机构警员职务序列管理,司法技术人员可按照专业技术类公务员管理,但对于法官助理与书记员,则应当建立单独的制度予以规范化。其中,根据法官助理的职务来源、管理依据和职业性质,可将法官助理划分为公务员编制和聘用制法官助理两类。公务员编制法官助理是按照综合管理类公务员进行管理,具备法律职业资格,任职期限届满后可通过入额遴选转任法官的审判辅助人员。主要有四种产生模式:一是将未进入员额的审判员、助理审判员转任为法官助理;二是将已经接受初任法官培训但尚未任命为法官助理的预备法官转任为法官助理;三是将具有公务员身份的在编书记员转任为法官助理;四是通过公务员考试招录法官助理。由于法官员额的有限性,可以预见在本轮司法改革后,未来通过法官助理遴选成为入额法官的比例会非常低,因此公务员编制法官助理不能仅以培养预备法官为唯一导向,还应当通过建立单独职务序列,使法官助理不仅可以遴选成为法官,也可以在序列内晋升,或者转任司法行政岗位,理顺职业上升通道,保证法官助理的队伍稳定。对于聘用制法官助理和书记员,主要是通过购买社会化服务的方式招录并履行特定法官助理职责的审判辅助人员。实践中,可以按照社会化招录、专业化培训、序列化管理、职业化保障、统一化标准为路径,以招录雇用、教育培训、管理考核、职务序列、职业保障为机制,逐步建立起符合司法审判工作需要的聘用制法官助理、书记员单独序列管理机制。职务层次分为初级、中级、高级,每个职务层次各设 3 个等次,形成“三级九等”的职务序列体系,并出台相应的配套文件,比如可以制定招录暂行办法、培训暂行办法、考核管理暂行办法、技术标准及等级晋升暂行办法、职业保障指导意见以及统一的劳动合同书，由省级法院统一招录、培训，从而形成较为完善的管理考核规范体系。

第三，合理推进法官等级套改。根据2011年出台的《法官职务序列设置暂行规定》（中组发〔2011〕18号），法官按下列对应关系，根据现任综合管理类公务员职务层次确定新的等级：省部级副职：二级大法官；厅局级正职：一级高级法官；厅局级副职：二级高级法官；县处级正职：三级高级法官；县处级副职：四级高级法官；乡科级正职：一级法官；乡科级副职：二级、三级法官；科员：四级、五级法官。按照这一规定，法官等级的套改是紧扣行政职级的，其行政化色彩较为浓厚，并且规定省、自治区基层法院只能设四级高级法官1人。按照当时的改革路径，鉴于基层法院仅院长1人可以晋升为高级法官，即意味着全国约有9万名法官的法官等级将下调，阻力较大，也导致此项改革未能有效推进。而党的十八届三中全会、四中全会均提出，要建立与普通公务员相区分的法院人员管理制度，也即法官单独职务序列和配套工资制度，并于2015年10月14日出台《法官、检察官单独职务序列改革试点方案》（中组发〔2015〕19号）和《法官、检察官工资制度改革试点方案》，在等级设置上拓宽了职业发展空间，基层法院的职级"天花板"被击穿，不但可以增设三级高级法官，还将扩大四级高级法官比例；未来入额法官享受的薪酬待遇，将与单独职务序列配套衔接，每一个等级对应若干工资档次，法官等级晋升后，执行新任职务等级工资标准。如此一来，就能保证基层一线法官即使不担任领导职务、不遴选至上级法院，也能够晋升至较高的法官等级，享受较好的薪酬待遇。在前述18号文和19号文同时存在、有效的现状下，如何推进法官等级套改，关系法官队伍的稳定性问题，应审慎考虑。笔者认为，无论是法官员额制，还是法官单独工资制度改革，都必须以单独职务序列为依托。在短时间内迅速推出一套被广泛接受的法官等级评定办法，并不具有可行性。因此,改革的路径应当是在提高基层法官职级待遇,保留原有法官等级不降、津贴待遇不变的基础上,先按照中组发〔2011〕18号文件进行等级套改。质言之,法官职务序列的改革方法,应当是先行政化,再去行政化,也即先按照中组发〔2011〕18号文件的规定对法官进行等级评定,并根据各地实际情况,设置3~5年的过渡期;在过渡期内,原评定的法官等级可暂予保留,但应注明职务层次加以区别,并按照职务层次进行管理,确保套改后的法官等级不低于原评定等级;然后按照中组发〔2015〕19号文件的规定建立法官的单独职务序列,与行政职级完全脱钩,并实行按期晋升、择优选升和特别选升相结合的晋升方式。比如在基层法院,四级高级以下法官实行按期晋升,原则上每隔2年,只要考核称职、未受惩戒,就可晋升一级;四级高级以上法官实行择优选升,担任一级法官3年以上,就有资格参与选升。对特别优秀或者工作特殊需要的,可以破格或越级晋升,但必须公开进行、严格控制。

2. 建立法官员额制

(1)推行法官员额制的独立制度价值。建立法官员额制,不仅是司法运行规律的内在要求,也是现代社会分工协作、追求效率和节约成本理念在司法工作领域的具体延伸和体现,有其独立的制度价值:

第一,推行法官员额制是提升司法权威与司法公信的重要举措。司法权作为解决矛盾纠纷的公力救济手段,是国家公权力的重要组成部分,必须依赖一定的权威来支撑。推行法官员额制改革,旨在通过对现有法官队伍的优化重整,形成一支数量受限、身份认同度高、素质过硬的职业法官队伍,提升法官这一群体作为司法主体的专门性、权威性,进而增强审判活动的严肃性、权威性,提高审判质量和效率,促进司法权威和司法公信的提升。

第二,推行法官员额制是促进法官职业化建设的内在要求。法官职业化建设的基本内容在于根据审判工作规律和法官职业特点,通过一定的制度设计或采取一系列措施，提升法官的职业素养，提高法官队伍整体素质。法官员额制是建立以法官为核心的人员分类管理制度的重要内容，始终“坚持以审判为中心，以法官为重心，全面推进法院人员的正规化、专业化、职业化建设”，[①]通过划定入额比例、确定入额标准、遴选和管理员额法官，确保最优秀的人才进入法官队伍，进一步提高法官素质能力，优化司法人力资源配置，契合了法官职业化建设的内在要求。

第三，推行法官员额制是遵循审判规律、提升司法公正水平的客观需要。司法权的判断权属性，决定了司法者应当具备精湛的法律知识、娴熟的审判技能、丰富的社会阅历和生活经验，其作出的裁判能对社会发挥引领和规制功能。也就是说，法官职业是一个专业性很强的职业，审判权必须由经过严格程序选任出来的高素质精英群体来行使。[②] 通过推行法官员额制严格遴选少数具有深厚专业知识和丰富审判经验的优秀法官，既是遵循审判规律的客观要求，又有助于提升司法公正水平。此外，法官员额制作为人员分类管理制度的重要内容，是落实司法责任制的基础和前提。[③] 落实司法责任制在于协调推进“还权”与“归责”两条路径，既将司法权完整地交还于法官，使其能够独立、完整地行使司法职权，做到“审理者裁判”，又严格贯彻司法责任制，对平庸和腐败零容忍，做到“裁判者负责”。[④] 无论“还权”还是“归责”，都要以法官员额制的制度设计作为铺垫。

---

① 《最高人民法院关于全面深化改革的意见——人民法院第四个五年改革纲要(2014—2018)》第六项。

② 参见高憬宏：《法官员额制的制度价值和实现路径》，载《人民法院报》2015 年 7 月 15 日，第 5 版。

③ 参见夏先鹏：《科学合理的法官员额制可确保优秀法官留在审判一线》，载《人民法院报》2015 年 4 月 23 日，第 6 版。

④ 参见崔永东：《司法责任制的传统和现实》，载《人民法院报》2015 年 6 月 5 日，第 5 版。

第四,推行法官员额制是司法精细化、专业化的现实因应。司法职业化建立在社会分工的基础上,而司法本身的发达又进一步加速了其内部分工精细化、专业化的趋势。现代国家经济社会的日益发达,要求司法的职业分工更加趋于精细化、专业化的发展方向,因此越来越要求法官专心致志地投入案件的审理中,从而最大限度地追求司法效益。① 但现状是,法官实际承担了很多审判辅助性事务和行政事务,而这些事务并不属于审判权范畴。② 随着案件量的逐年上升,倘若事无巨细,与案件有关的所有工作都需法官亲力亲为,那么他们对审判核心工作将越来越力不从心,司法效率的提升也就成了空谈。推行法官员额制严格划分了法官与审判辅助人员,将法官真正从各种琐碎的审判辅助事务中解脱出来,让法官更加专注地投入法律研究、起草法律文书等核心性、专业性的审判工作中,并在此基础上形成一个较为完善的司法审判机制,为司法人员的业务分流、法官精英化奠定基础。

但我们也应当看到,推行法官员额制,可以说是法院所进行的一场自我革命,也是本轮司法权配置与运行机制改革中阻力极大的一项任务,稍有不慎,可能导致司法队伍出现震荡现象,甚至导致整个改革失败。2015 年 7 月 3 日,《人民法院报》头版刊登了一篇报道:《既要接地气又要有理想　坚定不移全面推进司法改革》。报道中对法院现任领导如何入额,提出“院长、庭长绝大多数属于资深法官和审判委员会组成人员,总体上具有较高的业务素质和办案能力,实行新的审判权运行机制后,加强审判管理、统一裁判标准的工作只能加强不能削弱……考虑到领导干部承担了大量党务、行政等

① 参见傅达林:《“程序法官”凸显司法分工精细化》,载《工人日报》2008 年 5 月 12 日,第 7 版。

② 参见唐彬皓:《从蓝图到实践:论基层法院民商事法官员额的编制》,载《全国法院第二十六届学术讨论会论文集:司法体制改革与民商事法律适用问题研究》,人民法院出版社 2015 年版,第 318 页。

管理工作,在办案数量上可以从各级各地法院的实际情况出发合理确定”。有学者认为,以大家“接地气”的经验而论,这样一结合实际情况,恐怕办案数量马上就要迅速“合理”趋零了。实务中也有法官认为,虽然各试点地区法院对如何进行法官员额制改革一直讳莫如深,但强大的媒体舆论却令那些秘而不宣的改革举措无法掩藏。从中不难发现,本轮改革,尤其是法官员额制改革,存在准备不足、急功近利和避重就轻的缺陷。[①] 也有学者提出此次员额制改革在规则层面准备明显不足,比如改革后审判辅助人员的职能、权限和责任及其与员额法官之间如何界分,是改革策略上的一大败笔。[②] 从员额制改革的实践来看,有人总结认为目前的改革致使一线法官出现“法官员额恐惧症、责任制恐慌症、高薪水妄想症”的现象。实际上,在任何地方、任何时候,人事问题都具有高度的敏感性,尤其是大幅度裁减法官的编制,势必引起强烈反弹。谁能留在员额里,不能进入员额的人何去何从,从审判员到法官助理的角色转换会带来什么负面影响等,都是改革过程中需要加以仔细考虑的内容。

从我国历次的精兵简政、减员增效的人事改革历程来看,往往都是先向年轻人“开刀”。比如 1998 年的部委机构精简改革,有人以亲历者的身份说道:“反正党中央国务院给的硬指标是裁掉 47%,至于裁掉的和留任的公务员结构、工作能力以及是否有利于改革目标,则标准很模糊。如果裁掉的公务员,多是年龄偏大而又离退休相当有年头的人,如何安排确实是个问题。相对来说,让年轻人走,反弹力会小得多。”从当时的改革试点法院来看,上海确定的法官员

---

① 一名不愿透露姓名的山东高院法官化名“清水”,在其撰写的《为什么说员额制改革面临失败的危险》一文中,分三部分对目前改革中存在的诸多问题进行了实务上的分析,载 http://www.dffyw.com/faxuejieti/zh/201503/38198.html,最后访问日期:2015 年 8 月 4 日。

② 参见傅郁林:《以职能权责界定为基础的审判人员分类改革》,载《现代法学》2015 年第 4 期。

额比例为33%,其他地区的员额比例不超过39%。海南省作为第一批司法改革的试点地区之一,实行的是“司法改革过渡期法官选任考试”,而且是不经过试点,直接全面推开。具体方式为先考试,由5名审判业务专家立足审判规律和政治素质要求各出十道题,并附标准答案,严格参照高考方式进行监考和阅卷录分。参加考试人员实行自愿报名方式,如自动放弃的,可直接申请转岗。参加考试的人员,分数出来后,各院组织考核。确定人员之后,再上报到省高院。根据考试加考核的结果(考核成绩占六成,考试成绩占四成),过渡期内入额的法官有1138人。考试暂时没有通过的法官,等有空缺名额时既可以再次参加选拔,也可以书面申请转岗。参加考试的人员不包括院领导,因为“过渡期的改革工作是由各级院党组主导推进、组织、协调,配套办法的制定需要院领导们做,如果都参加就是又组织又参加考试又参与研究确定,综合考虑确定院领导不参加考试”。上海推行的法官员额制,采取先行试点的方案,并未直接全面铺开,但方式也是采取考核与考试相结合的原则,其中助理审判员必须参加考试,现任审判员中在综合部门工作且5年内未在一线办案的法官也需要参加考试,考试内容主要包括法律基础知识、法律适用能力和裁判文书制作能力等,因此设置了单选、多选、判断、案例分析、裁判文书撰写等题型,其中案例分析和裁判文书撰写区分专业方向作答。考试结束后,将根据试点方案所确定的员额比例择优入围,此后还将进行审委会面试等程序,最终产生首批入额人选并报请上海市法官遴选(惩戒)委员会确定。时任广东省高级人民法院院长郑鄂在谈到如何推行法官员额制时提出:“法官队伍(包括审判员和助理审判员)都是经过法定程序产生的,是具有法律效力的,不能简单地按论资排辈搞‘一刀切’,这既不符合法律规定,也有违改革精神。关于改革后法官的任用问题,要按照个人自愿和组织安排相结合的原则分情况区别对待:对于拥有法官身份但不在审判一线办案的,如果其本人不想回到审判岗位的,可以保留其现有待遇不变,但不再占用法官员额。对于想继续担任法官的审判员和助理审判员，应该由各法院在法官员额范围内通过公平竞争择优选任的方式进行选任，报省委组织部、省法院审核，尽量给优秀的年轻人更多出彩的机会；未选任上的，现有待遇保留不变，同时 5 年内享有优先遴选法官的权利。设立 5 年的过渡保护期，就是让能够审理的人审判。你有多大的能力，就分配你审理多大的案件。具有独立办案能力，就要赋予其全部的法官职权；还不能独立办案的，可以根据情况规定审案时遇到哪几种情况需要汇报，不断培养其能胜任法官的岗位。因此，我们要把法官遴选的关口把好，严格按规定选择法官，还设置一个过渡保护期，保护期内能胜任的就留在法官员额里，不能胜任的就大浪淘沙，过渡得了的就继续发展，保持改革的稳定和发展”。从实践来看，虽然法院的各级领导在大大小小的会议上均强调不会简单地以论资排辈“一刀切”的方式推行员额制，但各地法院的试点方案并不对外公布，引发了基层司法人员的普遍担心，法官们难免多有猜疑。一些发达地区的律师事务所也开始招募法官，甚至按照法官在法院的相应职务直接标价，如庭长年薪 20 万元，副庭长年薪 15 万元，审判员年薪 10 万元等。从我国目前法院人才队伍的整体素质来看，法院人才的外流整体上并不利于法治国家的建设。

(2)法官员额制改革的模式选择与成功标准。从全国各地开展法官员额制改革的试点法院所制定的入额方式来看，大致可以概括为以下三种：第一种是绝对特殊制，即院长、庭长自动入额，其他审判员、助理审判员则通过考试加考核的方式竞争入额，如海南省法院；第二种是相对特殊制，即所有准备入额的法官均全部参与入额遴选，不同的是院长、庭长只要通过考核即可，其他审判员、助理审判员则要通过考试加考核的方式竞争入额，这种方案是绝大多数法院选择的改革模式；第三种是平等竞争、统一遴选制，即取消院长、庭长自动入额的机会，提供一个平等的平台让所有审判人员竞争入额,江苏的改革模式与此类似(江苏是所有任助理审判员满3年的人员先参加考试,考试合格者再与所有的审判员包括院长、庭长在同一平台上公平竞争)。从考核的方式来看,也主要包括以下两种:一是客观量化考核,即通过考核法官近3～5年所办案件的数量、质量,综合评价其入额的可能性;二是主观认识评价,即通过"打分"的形式,由遴选委员会或其委派的人员对拟入额的法官进行"打分",以分数高低确定入额名单。对于绝对特殊制,这种改革方案已经被中央所否定。对于相对特殊制的改革方案,这种模式是大多数改革法院所采取的模式,但这种改革方案难免对不具有领导职务的法官产生不公平对待的现象。笔者较为赞同第三种平等竞争、统一遴选制的改革方案,并以客观量化考核为主、主观认识评价为辅的方式对所有法官一视同仁地进行考核,最大限度地消除改革中的不平等现象。今后对于量化考核的具体方法,笔者认为,可以区别不同身份人员进行考核,考核包括审判工作量考核与审判综合业绩考核,审判工作量考核为业绩考核的基本要求,然后再参照审判综合业绩考核对参加入额遴选的审判业绩作出综合评定。对于各法院院长、副院长、审判委员会委员的审判工作量考核,主要应包括两点:一是须担任审判长、独任法官或案件主审法官参与审理执行过案件;二是作为审判委员会,每年度参加所在法院审判委员会次数不得低于该年度审判委员会总次数的2/3。对于院长、副院长、审判委员会委员的审判综合业绩考核,可以参照以下要素:一是参与分管所在部门的专业法官会议、审判长联席会议等研究案件情况;二是主持或参与制定审判业务类指导性文件情况;三是主持或参与审判业务类课题研究,发表过审判业务类调研成果(调研成果包括指导性案例、公报案例、重点调研课题、调研报告等)。且对于院长、副院长、审判委员会委员的业绩考核应当由上一级法院组织进行。对于各法院现在审判执行岗位的审判员、助理审判员的审判工作量考核,可分为三种情况:一是现在审判岗位的审判员、助理审判员,其近三年审结案件权重值须不低于其所在部门全体在岗法官近三年案件权重值平均数；现在执行岗位的审判员、助理审判员，执结案件数量须不低于其所在部门近三年执结案件平均数；二是因工作需要抽调完成其他工作的审判员、助理审判员，应完成的案件权重值（执结数）应按实际在岗时间或实际完成工作任务折算；三是因工作需要在审判执行岗位但主要从事司法调研等非办案工作的审判员、助理审判员，起草完成对省、市法院审判业务具有重要指导意义的审判业务指导性文件，文件主要执笔人应视为完成相应审判工作量。对于他们的审判综合业绩考核，主要应参考以下要素：一是一审审判质量与效率，各法院审判管理部门应根据年度及日常审判质量与效率考核、案件质量评查等情况，对考核对象独任审理案件以及参加合议庭审理案件的审判质量效率作出评价；二是裁判文书质量，考核对象可自选三份承办案件的法律文书提交考核组，由考核组对文书的事实认定、适用法律、理由阐述、主文表述等作出评价；三是庭审（听证）情况，考核组可抽查观看考核对象的庭审录像，对考核对象庭审争议焦点的归纳与把握，引导当事人举证、质证和认证等驾驭庭审情况作出评价；四是审判业务调研情况，对考核对象主持或参与审判业务类课题研究，发表过审判业务类调研成果情况进行考核。对于现在非审判（执行）岗位的审判员、助理审判员的审判工作量考核，主要是其近三年须担任审判长、独任法官或案件主审法官参与审理（执行）过一定数量的案件；对于其工作业绩考核，应当由考核对象所在法院政治部会同考核对象所在部门，通过抽查考核对象工作档案、工作资料等方式，对考核对象近三年来完成本部门工作职责和任务情况作出评价。

法官员额制的改革是否成功，其标准应该包括五个方面（“1+4”的改革标准）：一是有没有实现真正意义上的省级统一调配法官员额；二是有没有使大部分一线资深法官进入员额；三是能不能遴选一部分一线优秀助理审判员进入员额；四是能不能使少部分愿意主动回归一线办案的法官进入员额；五是能不能留足晋升的空间给尚未入额的人员。

第一，从利益平衡来看，法官员额制改革主要涉及领导干部、综合部门人员和一线法官三个群体的利益平衡问题。首先，对于领导干部，有的院长、庭长本身是审判岗位的佼佼者，进入员额当然无可争议，但也有院长、庭长及审委会委员非业务出身，单就其审判能力而言并不适合担任法官。如果全部让院长、庭长入额，或者入额后换汤不换药的仍然办理极少的案件甚至不办案件，自然会极大地挫伤目前承担主要审判任务的一线法官工作积极性，也会让本该在改革中获益的一线法官成为改革的牺牲者。同时，这些非业务出身的院长、庭长在其他方面很优秀，在原有体制下经过多种努力才得以上位，他们受损的利益如何弥补也是员额制改革需要考虑的问题。实际上，多年来人民法院不仅汇聚了一大批也培养出了一大批优秀的党务、政务领导干部人才，其中许多人基于各种原因必然难以入额成为法官，但若放到其他党政机关或者公职岗位上，则完全能够实现其自身价值的最大化。因此，可以让目前的院领导自愿申请分流到其他党政机关任职或政府和国有企事业单位去担任法务部门领导工作，恰好中央也提出政府和国有企事业单位应该配备法律顾问或法律服务人员，这样不仅可以让司法人员职业化程度提高，减少员额制实施的压力，而且为政府和国有企事业单位增强了法治工作队伍的力量。其次是综合部门人员，在院长的心目中，业务部门的审判工作是常态化的，而大量工作亮点的展现，恰恰要依赖研究室、办公室等综合部门，因此综合部门的工作在某种程度上比审判工作更重要，并且综合部门的法官并不少。如在广东，全省从事审判管理和司法调研工作的法官，约占法官总人数的4.3%，从事审判辅助和行政后勤工作的法官则占18.3%。现实中，最受争议的往往是这一群体。[①] 法官员额制改革带来的一个现实问题就是审判部门与综合部门人员的收入差距。收入差距过小则不能提高法官的积极性，提高法官待遇将被虚化，亦无法较好地落实司法责任制；但收入差距过大，又如何平衡综合部门人员的心理落差？从司法实践来看，一个没有审理过案件的人也可以直接审理案件，法院的综合部门也有许多优秀人才，利益如果极不平衡会导致综合部门的人员要求到一线办理案件。对于一线法官而言，他们承担法院的主要审判任务。从改革的主流方式来看，员额制后必然有很大一部分助理审判员以及部分审判员无法入额，转为法官助理。从改革的现实状态分析，院长、庭长必然会占据较大一部分员额，但院长、庭长又有大量的会议、行政事务缠身，不大可能将主要精力放在案件审理上，主要的审判工作仍然要由业务部门这些无法官之名的助理去做，从自己办案到为别人做嫁衣，失落感可想而知。推进法官员额制，既要“做加法”，也要“做减法”。[②] 改革对院长、庭长和综合部门人员这几个群体是做减法，而对一线法官是做加法。但如此改革，又失去了改革的意义。

第二，对于法官员额的比例计算，在设置时应当主要参照当地的人口数量、经济发展情况、案件数量等因素，另外还包括经费装备、审判辅助人员的配置、交通环境条件等方面，这些都与员额比例的设置有一定关系。也有学者提出“审判工作量”的概念，将其进一步引申为“法官核心审判工作量”范畴，提出应以此为基础确定法官员额；[③]如在北京、上海办一个案子和在青海、西藏、新疆等西部地区办一个案子所耗费的时间成本是不一样的，工作量计算也是不一样

① 参见何帆：《法官多少才够用》，载《人民法院报》2013 年 6 月 7 日，第 5 版。

② 参见何帆：《做好法官员额制的“加减法”》，载《人民法院报》2014 年 7 月 17 日，第 2 版。

③ 参见胡道才：《推行法官员额制改革的两个基础问题》，载《唯实》2014 年第 11 期。

的。在中央确定整体比例不超39%的规定下，各地区的比例如何确定，或许应该由各地法院根据自身情况来确定。如江苏省在全省范围内开展了案件饱和度调研，以民事案件为例，测算出基层法官在保证一审一书的配置下，不考虑案件类型和难易程度等变量因素，案件饱和区间值在150~180件，中级人民法院在70~90件，高级人民法院在30~50件（见表1）。

表1　江苏省高级人民法院关于10名抽样法官案件饱和度统计

序号	姓名	结案数量/件	审判与非审判事务用时/小时	每案平均用时/小时	饱和度/%	70%饱和度案件数/件	自认合理的饱和值/件	所在法院级别
1	朱某	408	2239	5.49	111.93	255	180	基层
2	王某	212	1680	7.92	83.99	177	180	基层
3	金某	192	1712	8.92	85.61	157	120	基层
4	刘某	319	1990	6.24	99.50	224	120	基层
5	叶某	419	2002	4.78	100.10	293	100	基层
6	安某	125	1909	15.27	95.46	92	80	中级
7	涂某	101	1809	17.91	90.43	78	78~80	中级
8	王某	89	1830	20.56	91.50	68	80	中级
9	张某	104	1854	17.82	92.68	79	50~60	高级
10	施某	92	1750	19.02	87.50	74	30~40	高级

江苏省扬州市两级法院对其他业务条线也进行了测算（见表2）。

表 2　2013 年扬州市各条线实际人均结案数与测算饱和度对比

条线	法院层级	审判人员/人	审书比例	审理案件数/件	人均案件数/件	饱和区间/件	饱和中值/件
民一	基层	122	1.5:1	24,479	201	131~164	147.5
	中院	12	1.8:1	1396	117.11	58~73	65.5
民二	基层	30	1.5:1	5831	194.4	128~160	144
	中院	12	3.2:1	577	48.8	42~52	48
知产	基层	2	2:1	186	93	70~88	79
	中院	5	2.79:1	193	42.13	42~52	48
刑事	基层	26	1.37:1	2989	114.96	77.6~97	87.3
	中院	10	2.25:1	296	28.88	23~29	26
行政	基层	17	2.43:1	387	22.8	30~40	35
	中院	4	2.29:1	99	27.7	25~35	30
执行	基层	53	2.3:1	10,451	197.19	170~224	197
少年	基层	12	2:1	1013	84.42	73~91	82
	中院	3	4:1	120	40	36~45	40.5
审监	中院	4	5:3	86	21.5	26~35	30.5

通过案件饱和度的调研,再结合其他因素,可以合理确定出法官的员额比例。但这毕竟仅仅是一个比例,真正实施起来可谓是困难重重。比较可行的做法,应当由最高人民法院在落实相关改革精神上全面规划好顶层设计,逐步由各高级人民法院出台相关规定推行,并预测好改革所面临的体制内和体制外的困难,在拿出具体的改革方案后再让基层人民法院或者中级人民法院开展试点工作。

第三,关于法官员额制的改革措施。在员额制改革向纵深推进的过程中,如果我们仍然仅仅停留在正规化、专业化和职业化的宏观层面,不考虑制度建设的具体策略,那么便无异于是主动放弃了改革的机会。① 中央规定了每个省 39% 的员额比例和相关政策不能突破,但未明确 39% 的比例是平均分配还是由省一级法院统一调配。如前所述,笔者的意见是应当实现省级人民法院的统一调配,然后按照随后的 4 个标准来制定改革方案。

具体而言,确定一省的法官员额比例不超过 39% 之后,应当以该省受理案件数、辖区人口数、GDP 比重和辖区面积等因素为主要定量,从全省整体统筹如何将法官员额比例控制在 39% 以内:首先全省应预留出一定数量的机动员额,然后将其他法官员额分别测算到各中级人民法院、基层人民法院,案件少的法院法官员额可低于 39%,案件多的法院法官员额比例可超过 39%,但全省整体不超过 39% 的比例,并要求各法院在分配到的员额数量中留出 10% 左右的员额,为首批未入额的法官和年轻干部发展预留空间。应当注意的是,对于留在法院但未入额的法官可以保留法律职务转任法官助理或根据个人意愿转岗为司法行政人员;但即使转为法官助理,也应当保留其待遇不变,同时限制其权力行使范围,也即"限权法官"或"普通法官",②在入额法官的指导下办案,但裁判文书的签发应当经过入额法官或者院长、庭长的批准。对于各个法院内部具体的法官员额比例分配方案,则可以按照案件数量合理分配。据笔者调研,除专门法院另行规定外,按照从基层人民法院到中级人民法院到高级人民法院分别计算,刑事法官员额可按照每 140 件、110 件、80 件分配 1 名法官员额;民事法官员额可按照每 160 件、140 件、100 件分配 1 名法官员额;行政法官可以实行集中管辖,以该地区的最高案件

① 参见丰霏:《法官员额制的改革目标与策略》,载《当代法学》2015 年第 5 期。

② 参见蒋飞:《基层法院法官员额制改革设想》,载《人民法院报》2015 年 5 月 28 日,第 5 版。

数量计算法官员额数量;对于审判管理、研究室等综合业务部门,可以分别配给1名法官员额,改革后,继续留在法院行政部门的人员不参加入额;对于院领导而言,可以按照1名院长、3~4名副院长、两名审判委员会专职委员的比例配给员额。当然,院领导进入法官员额后,为了防止出现入额不审案的状况出现,应当规定院长、庭长的最低办案数。也有学者提出院长、庭长入额首先应强调其政治觉悟和领导能力,[①]相对淡化对其办案数量的要求,但必须完成办案工作任务。从当前的司法现状来看,院长的主审办案数应当不低于其他法官办案数的10%~20%,参加合议审理案件的数量应当不低于其他法官办案数的30%;副院长和审判委员会专职委员的主审办案数应当不低于其他法官办案数的30%~40%,参加合议审理案件的数量应当不低于其他法官办案数的50%;庭长的办案数量应当不低于法官办案的平均数。当然,选任法官应允许办公室、政治处、研究室、行装科等综合部门具有审判员或助理审判员职称的法官参与竞争。因为这些部门的法官思想人品、法学功底、审判业务俱佳者并不罕见,只是由于轮岗交流、组织安排等诸多原因而未在审判一线工作。设定法官员额的一个重要前提是保证法官素质,那么让这些法院的精英有机会从事审判工作自然也在情理之中。

当然,在此应当注意的是,法官员额比例的确定,不仅应当考虑案件数等定量因素,对于一些边远山区案件量很少的基层法院,还必须考虑法院的基本运作等变量因素。比如汕头市南澳县人民法院,根据测算,按照工作量只能给3名法官员额,但其正副院长就有4名,还有1个人民法庭,法官过少无法满足基本架构运行。在我国当前的司法现状下,分不同地区制定不同的改革措施,亦不失为一种改革方法。这从我们过往的司法改革的结果也可以得出这样的

① 参见姚莉:《比较与启示:中国法官遴选制度的改革与优化》,载《现代法学》2015年第4期。

结论。过往的司法改革,实际上存在一种钟摆效应,司法改革在精英主义和大众主义之间呈现出一种摇摆现象。比如,过往的司法改革一直由最高人民法院主导,时任最高人民法院院长肖扬提出司法的专业化和精英化,对抗制诉讼改革和司法职业考试,都是这场改革的重心,由此所谓的司法公正就强调程序正义,看重判决的法律效果。改革虽然有很大的成效,但也有一定的负面效应,比如出现大规模的涉诉信访,连续几年全国人大代表对最高人民法院的报告的支持率都相对较低。后来在王胜俊院长时期,开始提出"三个至上"和"大调解",司法改革又向大众化方向发展,无论"枫桥经验",还是"马背上的法庭",司法判决关注社会效果,服务于社会稳定。这场改革基本上以基层人民法院作为对象,但此次改革受到了来自法律知识界和司法精英阶层的强烈反对。这两种改革思路,精英主义强调从理念出发,注重领导专家的作用和顶层设计,而大众主义则倾向于从经验出发,注重基层地方的作用,缺乏整体设计。司法改革应采取类型化和多样化的改革方法。理由在于:第一,不同机关的权力性质不同,运作逻辑不同,改革的逻辑也就不同。侦查权、检察权更多具有行政权的特征,是一种主动行使的权力,要尊重这种权力行使的积极性和主动性,因此错案的追究责任不应当过分着眼于公安破案压力或者检察起诉,因为这是由这些权力的性质决定的,警察权如果变成了被动的权力,那么就不符合这些权力的性质。相反,司法权作为一种消极被动的权力就应当对侦查权和起诉权构成制约,追究错案的责任就应当落在法院。当然,这与改革以审判为中心的审判权运行机制密不可分,在以审判为中心的改革不能到位之前,并不能简单地将追究错案的责任均放在法院。第二,要强调法院不同部门的差异性,不同的部门法要遵循不同的司法政策和审判逻辑,不能用一个部门法的逻辑来要求其他部门法的运作。比如经济、知识产权这些商业性案件就应当按照法律专业化的逻辑,充分尊重法官独立的判断权。但是,普通的民事案件和婚姻家庭案件，就要特别注重当事人的社会身份和文化心理，特别是关注不懂法律的基层老百姓的感受，要着眼于恢复社会关系，而不是一味地按照法律形式主义的逻辑进行判决。而对于刑事案件，必须考虑中国人的文化传统，考虑大众文化心理，在死刑等重大问题上，不能按照西方文化和西方程序正义逻辑来处理。第三，要强调中国在地理空间上经济社会条件的差异性和多样性，不同区域遵循不同的司法运作。司法制度作为上层建筑，是经济基础的反映，不同的经济社会状况适应不同的法律运作和司法制度。从经济社会发展状况看，中国可以划分为三个区域：东南沿海经济发达区域，中部次发达区域和西部较落后地区。如果按照法律社会的类型学划分，分别适应从传统法到现代法的不同阶段上。所以，不能抽象地谈司法权或司法改革，而要具体问题具体分析。适合上海的改革模式不一定适用中西部地区，适应经济案件的审判制度不一定适应其他民事和刑事案件的审判。

有人提出，在“案多人少”的司法现状下，再削减大量法官，这39%的人如何应对？特别是基层人民法院，案多人少的矛盾原本就较上级法院更为尖锐，①员额制改革启动所造成的冲击也相对更为明显。但从整体来看，根据最高人民法院政治部统计，截至2016年3月，我国法院在编人员35.5万人中有法官21.2万人，法官比例为59.72%。按照39%的员额比例，需要裁减法官约7.4万人，剩余法官约为13.8万人。从个别地区来看，海南省原有法官1540人，改革后法官人数减至1100多人；贵州省贵阳市花溪区人民法院原有法官62人，入额29人，未入额33人，占53.23%；贵州省贵定县人民法院原有法官53人，第一批入额18人，未入额35人，占原有法官人数的66.03%。从案件数来看，2015年全国法院共新收案件1766万件，

① 参见赵蔚：《以法官员额制改革为契机 破解案多人少矛盾》，载《人民法院报》2015年8月26日，第8版。

审执结 1671 万件,全国法院的法官每年平均办理案件约为 79 件,按照员额制改革后的法官数量计算,全国法官每年平均办理案件约为 121 件。从这一数据可以看出,按照目前中央所确定的员额比例,在绝大多数地区,并不会存在达到"案多人少"无法处理的境地。我们之前一直所呼吁的"案多人少",从实践来看,也并非字面意义理解上的那样,实际上是因为很大一部分法官并不在一线办案,是案件多而"一线办案法官"少,并非案件多"法官"少。实行法官员额制之后,所有的法官均是一线法官,也就不存在"案多人少"的矛盾了。比如吉林省高级人民法院将所有入额法官全部派到一线办案,实际办案力量不降反升,一线办案法官由改革前的 108 名增加到 126 名,办案法官比例由原来的 46.8% 提高到 100%,并针对不同地区法院案件分布不均衡问题,在全省法院政法专项编制内建立动态调整机制,统筹调整不同法院之间的法官员额,较好解决了一些法院之间案件不均的问题。再如广东省佛山市顺德区人民法院实行院长、庭长回归一线办案,取消案件审批制,虽然 2014 年受理案件 38,000 余件,是全国收案平均数的 4 倍,法官人均办案 256 件,但案件不需要经过"二道手",审判经验丰富的院长、庭长直接承办案件,审判效率和质量得到明显提高。当今世界的法治成熟国家,几乎无一例外地实行了法官员额制,其审判辅助人员大多是法官的数倍甚至十几倍。在这些国家,每名法官都有一个由书记员、法官助理、法警组成的庞大助手群,法官们将大量的辅助性、事务性工作都交给他们去做,自己仅负责主持庭审、合议案件,起草或审核判决等案件审理的核心环节。正是在这样的人员配置模式下,国外的法官们每年审理几百起案件而仍然可以有足够的时间去反复思考和衡量他们即将作出的判决;也正是在这样的人员配置模式下,国外法官们 70% 以上的工作时间都是在法庭上而不是自己的办公室里。解决"案多人少",不能简单地靠增加法官人数来解决,而应该通过建立分类模式,明确法官、审判辅助人员、司法行政人员的类别和职责,设置各类人员的员额比例,确定职务序列和职数,促进法官职业化建设,使法院的人事管理制度更加科学化、合理化,从而进一步提高法院的司法服务能力。因此,改革过程中必须重视审判辅助人员的同步配套设计:一方面要制定法官助理单独序列管理办法,对审判团队内的法官助理的身份制定法律依据。因为中共十八届四中全会关于初任法官一律到基层法院任职的规定,可能会导致中、高级人民法院法官助理缺乏职业预期,成为极不稳定的职业。另一方面要积极争取财政支持建立稳定的雇员制书记员队伍,书记员工作专业性强、劳动强度大,并不是法院请与不请、多用与少用几个勤杂工那么简单的问题。而目前地方各级法院的书记员队伍身份构成非常复杂,既有公务员身份的,也有事业编、政府雇员制的,更多的是一些合同工等非编人员。由于薪酬待遇低,缺乏职业预期,导致队伍不稳、流失率很高,已经严重影响了办案质量和效率。

3. 改革法官遴选制度

首先,目前对于法官的录用程序,是通过公务员考试的方式先进入法院成为一名公务员。也就是说,成为法官必须通过法律职业资格考试和公务员考试两道门槛,成为法官的人都是已经在法院工作的干部(当然,这里说的是一般录用情况)。而选任法官从已通过公务员考试的人员中选任,很难吸引具有深厚法律功底的其他法律从业人员充实到法官队伍中来。在法官录用制度上,应当有更大的改革,改变目前法官任命基本上都是从法院现有干部中选任的做法。可以在原有法院工作人员选任法官的基础上,探索公开向社会招考法官的制度,将法官录用从公务员招考制度中剥离出来,单独实行招考,由最高人民法院统一命题,各高级人民法院具体负责、组织,侧重于考察报考人员的法律实际运用能力和良好的职业修养。基层法官的选任应完全面向社会,法官员额一旦出现空缺,应当允许符合法官任职条件的人参加竞职,体制内的法官助理、检察官助理、检察官、公证员和体制外的律师、法学教师等人员均可参加,以改变法官队伍结构，提高整体素质。而中级人民法院、高级人民法院和最高人民法院的法官，原则上应从下级人民法院的法官中选拔，因为上级人民法院对下级人民法院负有指导监督的职能，客观上要求上级人民法院法官的素质高于下级人民法院的法官。但这种遴选，原则上不宜实行从基层人民法院直升机式选调的模式，也即不能直接从基层人民法院遴选至最高人民法院。从实践来看，从基层人民法院遴选至最高人民法院或者高级人民法院的人员，选调上来的往往是年轻、资浅的司法人员，选上来的目的是“干活儿”（从事相对较重的“低层次”工作），再积累年资，慢慢升级。这种选调方法，实际上与法律院校毕业直接同步进入四级司法机关的做法没有太大差别。因此，原则上上级人民法院只应从下一级人民法院选任资深司法官到本机关工作，如最高人民法院原则上只应从高级人民法院选调资深法官到本院工作，高级人民法院原则上只从中级人民法院选调资深司法官到本院工作，中级人民法院原则上只从基层人民法院选调资深法官到本院工作，当然特别优秀的可以跨级遴选。这种层层选调资深法官的做法，未来可以形成四级法院法官的年龄、经验的合理布局。但应当考虑的状况是，我国目前全国法官的平均年龄为41岁，这种逐级遴选的改革，应当建立相配套的一系列制度，进一步完善遴选法官家属的工作安排、子女教育等诸多问题，防止出现下级人民法院的法官因考虑到年龄、配偶、子女等问题不愿到上级人民法院工作的情况出现。

其次，在法官的素质要求上，应制定比较翔实且具有可操作性的法官选拔制度，不再以原来的行政职务、法官等级为依据。之所以强调法官“入口”的重要性，是由法官职业的特殊性决定的。法官是一个依靠自己对法律的理解和内心良知对社会纠纷作出判断的职业，其法律水准和职业道德直接决定着他能否对案件作出公正审理和裁判。因此，苛刻的法官任用条件和严谨的法官选任程序是保障司法公正的基石，也是社会公众信任法官和信赖司法的基本前提。我国《法官法》虽然规定了初任法官需要通过法律职业资格考试，并从事一定时间的法律工作，同时要参加任前培训结业后才能任命，较《法官法》颁布之前已经有了很大进步，但对初任法官的条件限定仍有许多需要完善的地方。比如从年龄来看，《法官法》规定担任法官的必要条件是年满23周岁，恰恰是一般情况下大学应届毕业生的年龄。由于我国的法学本科教育目前不太注重实践，刚从大学毕业的学生并不具有丰富的司法实践经验和社会阅历，即使通过法律职业资格考试，也不宜直接担任法官审判案件。从生活经验和审判实践看，由年满30周岁并且具有3年以上审判经验的人担任法官更为适宜，因此可适当提高担任法官的年龄限制。再如从学历要求来看，我国目前的法官任职最低学历条件也不高，建议将基层人民法院法官任职的最低学历明确规定为正规高等院校法律专业本科毕业并取得法学学士学位，中级人民法院则至少具有法律专业硕士以上学位，高级人民法院、最高人民法院则至少应具有法学博士学位（或具有法律专业硕士以上学位且具有十年以上审判经验的人员）。

再次，要加快法官的职业化进程。根据《法官法》的规定，"法官是依法行使国家审判权的审判人员"，但在实践中，我国目前相当数量的法官并未从事审判工作。长期以来，由于种种原因，我国法官的职业定位始终处于一种模糊状态，在一些人眼中特别是在一些领导干部眼中，法院等同于行政机关，法官被看成一种大众化的职业。在相当长的一段时间内，对法官的选任几乎无任何教育背景、专业知识、工作经历等方面的要求，而一些企业、学校、部队、党政机关等社会各个阶层和身份的人，可以不经过严格的考核和选拔，通过提干、调转、分配等多种渠道进入法院，不论是否曾从事审判工作，不论素质是否符合审判工作的要求，只要达到一定的工作年限和干部级别，都可被任命为法官，但他们中的绝大多数却只是带着法官的身份，从事着审判以外的其他后勤、辅助工作。尽管组织部门一直对于法院审判人员比照《公务员法》定级考核，但是司法改革的终极目标还是应回归到专业职称上去，而非像现在这样将职务序列和行政级别捆绑在一起。法官不同于行政官员，法官职业的开展来源于道德、专业知识和生活经验，而非其他官员所主要需要的群众基础和影响力以及主动性等，尤其是行政官员要求必须服从上级。法官的上司是法律，最高人民法院院长周强多次强调"司法为民，公正司法"，其中"司法为民"是人民法院的司法目的，也是法官在日常工作中孜孜以求的；"公正司法"则是对于人民法官的职业要求。法官同医生、教师一样，也是一种职业，一种法律专业化的职业，一种精英化的职业，法官职业化是实现法律秩序理性化的必然选择。

最后，改革法官遴选制度还涉及法官遴选委员会的问题。就人员构成来看，上海在2014年12月13日成立的法官遴选（惩戒）委员会，包括7位专门委员和8位专家委员，专门委员由市委政法委、市委组织部、市纪委、市人大内司委、市公务员局、市高级人民法院等单位的分管领导担任，专家委员从资深法学专家、审判业务专家、律师代表中甄选。广州知识产权法院设立后，在遴选法官时成立的法官遴选委员会共有25名委员，主任是广州市人大常委会副主任（曾任广州市中级人民法院院长，从事法官职业近30年），其余24名人员主要包括法官（15名）、法学教授（3名）、律师（3名）和知识产权专家（3名），其中15名法官中没有广东省高级人民法院的领导班子成员。江苏省法官遴选委员会人员包括人大代表15人、政协委员15人、审判业务专家20人、法律专家20人、律师代表20人。从上述三个地区来看，人员构成的共同点是委员均来自社会各界，有一定的广泛性，不同之处是上海和江苏的委员有部分高级人民法院的领导，广州知识产权法院的委员没有法院领导班子成员。从牵头部门来看，上海法官遴选（惩戒）委员会是由上海市委政法委牵头，在上海高级人民法院成立法官遴选（惩戒）工作办公室；广州知识产权法院的委员虽然没有广东省高级人民法院的领导，却是在广东高级人民法院的领导下成立的；江苏省的遴选委员会由谁牵头负责并未对外公布，但从历次召开的会议来看，均是由江苏省委或者省委政法委组织召开，推测牵头部门也是省委政法委。笔者认为，对于法官遴选委员会的人员构成，应从三个方面考虑：第一，要建立严格的利益相关方回避制度，尤其是如果由律师担任法官遴选委员会委员，法官在处理这个律师委员及其所在律师事务所代理的案件时，势必会有所顾忌。对此，有学者提出，为了防止执业利益冲突，必须建立严格的防火墙机制，如果律师是遴选委员会成员，在此期间，他就不能在该辖区法院代理诉讼。① 笔者认为，仅仅规定担任遴选委员会成员的律师不能代理诉讼是不够的。能够成为法官遴选委员会委员的律师，一定是资深律师，其本人往往是大型律所的合伙人，这些律所可以同时代理本地区很多法院审理的案件，因此很容易产生执业利益冲突。所以，合理的制度设计应该是，对于进入法官遴选委员会的律师，在其任职期间，该律师及其作为合伙人的律所均不能代理该辖区内的诉讼。第二，要建立领导回避制和候选委员资格制。人民法院的行政化领导机制已被诟病多年，其特点就是领导掌握普通法官和工作人员的晋升、奖惩等人事权力。司法改革后，法院领导的上述权力将被限制乃至取消。然而，一旦法院领导进入法官遴选委员会，那么无异于是通过另一条管道再次掌握了人事权。当然，如果领导本人自愿放弃行政领导职务而进入审判岗位的，则无须回避。同时，法院遴选委员会的牵头部门也不应当由地方党委政法委牵头，否则将无异于强化司法的地方化，司法去地方化的改革也就无从谈起。另外，要防止行政化的弊端，必须使遴选委员会委员的确定具有相当的随机性，而不是固定为某几个人。委

---

① 参见傅郁林、何海波：《法官谁来选，怎么选》，载《南方周末》，http://www.infzm.com/content/104386，最后访问日期：2015 年 7 月 27 日。

员可以组成一个专家库，每次遴选法官时，从专家库里随机选出一个遴选小组，保证一定的流动性。专家库的规模要几倍于遴选小组，事先不知道谁来具体参与，让委员们之间没有一种长期关系，增加勾兑成本，让想打招呼的人不容易钻空子。遴选组的规模建议9～15人单数比较合适，太少了没有充分的代表性，再多了又无法进行实质性的讨论和集体决策。第三，法官遴选委员会的委员应当以法官为主。法律是一个实践性很强的职业，一名合格的法官，必须具备多方面的素质，而能够判断一名申请人是否具备这些素质的最佳人选，无疑是已经在这一领域取得杰出成就的人，即资深法官。在专业领域，同行的评判永远是最准确、最客观、最权威的。同时，应当以部门职能为限，对组织部、纪委、人大等部门委员的审查范围予以明确，如组织部门审查申请人的政治立场，纪委审查申请人的廉洁情况，人大审查申请人的任职资格等，上述部门的委员只能在限定事项上行使审查和否决权，对没有法定否决情形出现的申请人，必须放行。当然，也可考虑先由组织部、纪委、人大等职能部门审核通过后，再进入法官遴选委员会遴选程序，这样，法官遴选委员会可以全部由专业人士组成。

4. 完善法官及审判辅助人员的职业保障

第一，改革薪酬制度。薪酬是社会个体及其家庭生活的物质保障，更是其在工作中发挥主动性、积极性和创造性的诸多激励因素之一。目前，我国法官的工资福利很大程度上依赖的是其行政级别，忽略了司法工作的特殊性。这使得部分法官千方百计为提高自己的行政级别而努力，从而出现了许多法官要往上级法院调动或调出法院系统的情形，不利于法官队伍的稳定和发展。“天下熙熙攘攘，皆为利来利往”，没有利益的驱使，任何良好的制度都会变为一潭死水。正如亚当·斯密在《国富论》中提出的经济人观念那样，

“人是在实现自己利益最大化的同时间接推动着整个社会前进”。[①]法官及审判辅助人员的薪酬改革既是点燃司法改革的火焰，又是激发法院人在追寻自己价值利益的同时拥护改革的动力源泉，使自己既成为改革的主体又作为被改革的对象。[②] 从改革试点地区来看，深圳将法院工作人员分为三类：法官、审判辅助人员和司法行政人员。对法官按照法官序列进行单独管理，遵循按法官等级定待遇的原则，实行单独薪酬体系，制定法官薪级表。每一个法官等级对应若干薪级，每一薪级确定一个工资标准。住房保障、医疗保健等福利制度及退休待遇政策，与薪级直接挂钩，而不与行政级别挂钩；对司法警察按照警察职务序列进行管理，将法官助理、书记员和司法行政人员统归综合类公务员进行管理。[③] 上海也是将法院工作人员分为：法官、审判辅助人员和司法行政人员，但其审判辅助人员包括法官助理、书记员、司法技术人员和司法警察等。薪酬待遇方面一是建立以法官等级为基础的法官单独序列薪酬，每一法官等级对应相应的薪酬标准，按照法官等级拉开级差，并实行定期增资制度，同时过渡期间先采用现行工资收入加岗位津贴的方式确定；二是就审判辅助人员薪酬建立分级管理制度。法官助理薪酬按照公务员职务职级收入加法官助理岗位津贴，书记员按现行工资收入加能级岗位津贴（不同能级），[④]司法警察按照人民警察的规定执行。2015 年

---

① 亚当·斯密在《国富论》中首次提出经济人的概念。其认为人的本性是懒惰的，必须加以鞭策，人的行为动机源于经济原因，必须以计划、组织、激励、控制等建立管理制度，并以金钱和权力维持员工的效力和服从。参见[美]亚当·斯密：《国富论》，陕西师范大学出版社 2006 年版，第 92 页。

② 参见孙海龙：《审判权运行机制改革》，法律出版社 2015 年版，第 289 页。

③ 参见杨丽萍：《深圳法官职业化改革取得实质性进展》，载《深圳特区报》2014 年 8 月 10 日，第 A1 版。

④ 能级工资制，是根据岗位评价因素、员工能力级别和工作绩效考核确认工资标准，按考核结果晋升的工资制度，是一种一岗多薪的工资制度，具有激励员工能力提高和业绩提升与积累的特点。

4月27日,上海在全面推进司法体制改革试点工作会上首次提出,对全市试点法院进入员额内的法官收入暂按高于普通公务员43%的比例安排,并向一线办案法官倾斜。[①] 笔者认为,薪酬改革的总体目标应是在实行人员分类的基础之上,充分考虑法官的职业特点和司法工作规律,从现有法官队伍和法律行业精英人才中选拔一批优秀的员额法官,由法官等级决定薪酬标准,建立一套符合国情的、与国际接轨的,并考虑不同地区、同地区不同层级的法官单独序列薪酬制度。在现行普通公务员收入基础上,法官的待遇应增加2~4倍,与普通公务员和审判辅助人员的薪酬拉开差距;在实行法官员额制后,没有进入员额的法官将转为法官助理,他们也将承担大量的审判辅助性工作,如果仅对法官的薪酬作出调整,难以激发法官助理、书记员等审判辅助人员的工作积极性。因此,可对审判辅助人员薪酬实行分级分类管理。对法官助理及书记员可以按照3级9等的方式设定不同的等级,在编人员采用现行公务员职级工资加岗位津贴方式发放,聘用人员采用现行工资收入加岗位津贴方式发放,岗位津贴的多少与不同等级挂钩;对司法警察参照人民警察相关规定执行。在现行工资基础上审判辅助人员的待遇可增加1倍;并在省一级设立法官薪酬委员会,制定法官薪酬评估办法,规定非因特定原因法官在任期内不得降级减薪,并将社会经济发展水平及通货膨胀率等原因作为薪酬调整因素,将法官办案业绩与办案补贴挂钩,作为法官薪酬增长的激励因素,通过各种措施适时调整法官的工资,确保法官薪酬稳步增长。同时还应建立法官的全额退休金制度和资深法官制度,规定法官退休后薪酬不变,使其不为退休后的生活而担忧,这一方面是国家关怀法官,确保法官队伍稳定发展的有力举措,另一方面也可以激励法官廉洁办案。另外,在我国还

---

① 参见刘子阳:《上海全面推进司法体制改革试点工作》,载《法制日报》2015年4月24日,第1版。

有一些年纪偏大或不担任领导职务的法官，虽审判经验丰富却占用法官员额，但又不愿承担具体案件。[①] 这方面我们可以借鉴发达国家的有关规定，比如规定最高人民法院的法官服务期超过 20 年，地方法院的法官服务期超过 25 年后，可以申请转为“资深法官”，处于半退休状态，将更多的法官席位腾出来。[②] 年长的法官转为资深法官后可减轻审判工作任务，继续享受以前的薪酬，不因办案数量减少而降薪。建立资深法官制度一方面有利于优化审判资源，提高法官的办案质量和数量；另一方面促使薪酬制度与法官的审判工作实绩相契合，使更多的优秀法官助理能够提早进入法官员额内认真办案。

第二，取消法官的行政职级，以法官等级为晋升方向。法院根据法官业绩评价标准进行考评，主要是综合考评法官的审判技能、审判质量、审判效率、审判效果等内容，同时可以辅以运用一般的公务员考核标准。考核结果将作为奖惩、培训、升任、免职、降职、辞退以及调整等级和工资的依据。此外，还应当建立更加完善的法官等级体系。目前我国的《法官法》规定“法官等级的确定，以法官德才表现、业务水平、审判工作实绩和工作年限为依据”。但是，根据最高人民法院印发的《高级法官等级选升标准（试行）》、《关于法官等级评定及管理工作若干问题的意见》以及《人民法院法官等级评定申报审核工作规程》等文件的规定及各级人民法院的实务操作，法官等级的评定仅与工龄、行政级别有关系，这分割了法官等级与审判能力挂钩的原则，因而需在完善法官业绩评价体系的基础上修改法官等级晋升的依据。

第三，日常工作分类管理，确保法官独立行使审判权。法官不

---

① 参见何帆：《资深法官制度及启示》，载《山东审判》2012 年第 1 期。

② 参见谭世贵、王佳：《中国法官退休制度的初步研究》，载《河北法学》2009 年第 8 期。

能独立审判就不可能是真正意义上的法官。因而在法院的日常工作管理中，需要保护法官在司法审判中的独立审判权，特别是行政领导，不能用行政管理的方式干预法官审理案件。法官员额制的改革目标之一是把法官从繁重的、琐碎的事务性工作中解放出来，保证案件的公正和效率，而法官得以解放的前提是为其配备足够多的审判辅助人员，审判辅助人员应受命于所服务的法官或法官群体，按照有利于审判工作开展的职责为法官提供司法辅助服务。另外，除了由审判辅助人员为法官分担审判事务性工作以外，法官也不应再参加一些地方党委政府安排的上街打扫卫生、参加各类文艺汇演等活动，可由审判辅助人员和司法行政人员代表法院参加此类活动。

（三）司法经费管理改革方法

财政独立是司法机关实现审判中立的必要保障，司法经费是保证审判工作正常进行的必要物质条件。建立合理的法院管理机制，进而建立与法院管理机制相一致的经费保障机制，是保障司法权行使的客观需要。我国法院经费的保障问题不仅仅是财力问题，更多的是对司法权性质、地位、功能等的认识问题。最高人民法院在第四个“五年改革纲要”中提出，要推进人民法院经费保障体制改革。配合中央有关部门，推动省级以下地方法院经费统一管理机制改革，确保中央和省级政府对于地方法院预算安排的经常性支出，不低于改革前的实际水平。完善人民法院预算保障体系、国库收付体系和财务管理体系，推进人民法院经费管理长效机制建设。严格“收支两条线”管理，地方各级人民法院收取的诉讼费、罚金、没收的财物，以及追缴的赃款赃物等，统一上缴省级国库。在第一批确定的七个司改试点地区中，上海提出要建立市级管理部门统一管理、市高级人民法院协助管理的全市法院统一管理的机制，形成符合分类管理要求的经费分配体系，理顺三级审判机关工作人员收入分配格局，为审判机关依法独立公正行使审判权提供可靠保障。首先是建立经费统一管理机制，根据基层人民法院机构人员管理体制的调整，将各基层人民法院作为市级预算单位，纳入市级财政统一管理。由市高级人民法院协助市有关部门开展全市法院财物统一管理。建立由各级法院院长组成的预算管理委员会，采用会议制，由委员会决定预算等事项。原财政预算经费基数由区县财政划转至市级财政，经费由市级财政统一予以保障，并结合本市法官职务序列和薪酬制度改革，统筹考虑、逐步到位。落实“收支两条线”管理，中级人民法院、基层人民法院追缴的赃款赃物，全额上缴市级国库。其次是建立资产统一管理机制。集中清查登记各基层人民法院的土地、办公和业务用房、办公和办案设备等各类资产，做到账账相符，账实相符，由区县划转市相关部门统一管理。基层人民法院基础设施建设投资项目则统一由市发改委审批管理，并纳入市级财力予以保障，最后逐步统一人员收入。考虑基层人民法院干警收入相对高于中级人民法院、高级人民法院干警收入的现实，按照“维持存量、做好增量”的要求，通过过渡逐步统一。广东、贵州的改革方案基本一致，法院财物实行省级统一管理，建立地方人民法院经费由省级政府财政部门直接管理的预算管理机制。中级人民法院、基层人民法院作为省级政府财政部门一级预算单位，向省级财政部门直接编报预算，预算资金通过国库集中支付系统直接拨付。海南提出要健全预算管理机制，落实和加强对非税收入“收支两条线”管理，建立跨部门的涉案财物统一管理平台等。吉林提出建立省级统一管理司法机关人财物体制，形成全省法官统一提名、党委审批、分级任免的管理模式和符合分类管理要求的编制、经费管理体系。青海提出在人财物制度方面，也是实行地方人民法院人财物省级统一管理，建立地方法院经费由省级政府财政部门直接管理的预算管理机制。州（市）县两级法院作为省级政府财政部门一级预算单位，按照预算管理规定，向省级财政部门编报预算，预算资金通过国库集中支付系统拨付。湖北试点方案的最大特色是坚持政策导向基层，方案提出向基层倾斜、向一线倾斜。在岗位津贴方面向基层一线倾斜,努力提高基层法官经济待遇,确保办公经费、办案经费和人员收入不低于现有水平。同时,规定基层法官员额比和选升名额占比明显高于省、市两级;在保障上解除后顾之忧,规定基层法院经费保障"保底就高",并随着经济发展稳步增长。

各地区试点法院的经费改革方案,已经基本一致。笔者认为,认识到司法权的中立性、统一性对司法体制的要求,认识到司法权统一对国家权威独特的实现作用,就必须改变现行的"分级管理、分级负担"经费制度,根据事权和财权相一致的原则,司法权作为一项国家性权力,从长远来看,其司法经费也应当由中央财政直接负担。但囿于我国的具体国情,当前这一改革不可能,也不能一步改革到位,而是应分阶段开展。在第一个阶段,各市、县(市、区)法院的罚没收入、行政事业性收费等非税收入应当全部划归省级财政,由各省财政以各市、县(市、区)法院划转基期年支出决算数为基础数据,按照人员经费、日常运行公用经费、办案经费、业务装备经费和基本建设经费分类核定支出,实现"收支彻底脱钩、财政全额保障"。当然,实现省级财政统一拨付,建议在审核通过下级法院的预算后,由省级财政将所有经费一次性拨付给相关法院,由各法院自行管理与支配,必要时由各法院向省级法院进行报备,以免因为省级法院掌握着下级法院的财政支配权而影响上下级法院之间的审级独立。在改革成熟后,应该逐步以法律形式确保法院经费的保障,全国法院系统的经费均由最高人民法院管理,根据全国各级人民法院的经费开支情况编出预算,统一由中央财政拨付,由最高人民法院统一支配和管理,同时也要以法律的形式规范法院行政管理部门对经费支配和管理,避免出现对地方法院的经费挤占、挪用等情况。

第四章　人民法院审判机制改革路径与方法

第一节　审判机制的科层化现状

“组织的结构与组织的功能是密切相关的，一定的组织结构，只有具有一定功能才有意义；而一定的功能，又必然依赖于一定的组织结构才能产生。”①司法权主体之间，从独任法官到合议庭再到审判委员会之间应当是一种平权性结构。在这种组织结构关系中，法官与法官之间的关系应当是横向平等的，包括上下级法院之间的法官也是一样。但现实中我国法院内的审判组织结构却表现出较强的科层化结构，对审判中立造成了严重影响。

韦伯的科层制理论为社会发展提供了一种

① 刘祖云等：《组织社会学》，中国审计出版社、中国社会出版社2002年版，第251页。

高效率、合乎理性的管理体制。① 无论是企业还是政府,绝大多数的组织内均可以看到科层制的身影,甚至可以说科层制无处不在,法院也是如此。法院内部的科层化管理结构,是指目前法院在其内部结构、管理方式、运行机制等方面,无论是审判活动还是管理活动,均呈现出科层制的管理结构。比如,在法院工作人员分类方面,其内部有审判部门的法官和综合部门的行政人员之分,但这种专业分工在实践中并没有明显的界限,其分工的变换也是非常容易的,只要综合部门的行政人员具有法官资格,其随时可以在经过法院内部党组会讨论后直接调任审判部门工作;即使该行政人员在法院工作了20年从来没有办过案件,但如果其在综合部门已经取得一定的职务,那么其在调任审判部门时,也会给其相应的政治地位,如其在办公室任主任,如果调任民一庭,就会给其庭长职务。而审判部门的法官也一样,其也随时有可能被调任综合部门进行工作,事实上目前法院绝大多数的综合部门人员,都是具有法官资格的人员。这种现象,造成了法院的专业化程度不高。再如,在法院审判管理的制度设计和实践运作方面,也均显示出极强的科层制特征。根据法律规定,我国的审判组织包括独任庭、合议庭和审判委员会,但实际行使审判权的并不仅仅是这三者,院长、副院长、庭长、副庭长均具有实质上的审判权。在这些审判主体之间,按照行政级别形成了从院长到无职务的审判员之间的等级框架。也就是说,虽然同样是法官,但在审判权的行使上,法官与法官之间并不是平等的。② 实际上,我国法院的审判体制架构一直是比照行政机关设置的,在这种组织架构中,处在每一个位置的人都有相应的行政级别,拥有的审

---

① [美]罗伯特·B.登哈特:《公共组织理论》,扶松茂、丁力译,中国人民大学出版社2011年版,第32页。

② 参见苏力:《送法下乡:中国基层司法制度研究》,北京大学出版社2011年版,第61~87页。

判权与其拥有的职位和行政级别相对应,同时其所拥有的领导该级组织所必要的行政权力又反过来强化了其审判权的权威。至今,法院内部的科层化管理结构仍然呈现出高度的重合性,主要表现在以下三个方面:

一、审判权与行政权高度重合

时任最高人民法院副院长姜兴长在最高人民法院公布《人民法院审判长选任办法(试行)》的新闻发布会上就提到:"由于种种原因,人民法院在审理案件中,案件开庭后,经常还要通过庭务会进一步讨论、研究,并报送院长、庭长审批,对案件的认定和处理进行最后把关,这实际上是按照行政程序办案。"①这种现象至今仍然存在。现实司法实践中,合议庭意见有分歧的,审判长一般会将案件提交至庭务会或者审判长联席会进行讨论,如果合议庭意见与庭务会或者审判长联席会意见有重大分歧,或者会议无法形成一致意见的,一般会将案件提交院长进入审判委员会讨论决定。从上述审判组织的决议决定的过程来看,审判委员会、院长、分管副院长、庭长、审判长构成了审判组织在审理案件时不同层次的上级。造成实践中的这种现象,一部分原因也在于最高人民法院对此的认可。1998年,最高人民法院公布《关于民事经济审判方式改革问题的若干规定》,赋予合议庭独立裁判部分案件的权力,但同时规定应当由院长

---

① 参见姜兴长在最高人民法院公布《人民法院审判长选任办法(试行)》新闻发布会上的讲话。

签发的除外。[①] 可见,最高人民法院对裁判文书的审批制,实际上也是认可的。当然,当时我国法院内的法官专业化水平、理论基础等司法能力普遍不高,最高人民法院作出这样的规定,也不无道理。但由于这一制度广为学界所诟病,之后随着审判长制度的逐步推行,审判活动的行政化有了一定的改变;但在审判组织内部的等级关系上,在审判组织和管理组织的管理关系上,在审判和管理交叉运作的审判活动中,其行政化色彩依然非常浓厚。

二、审判决策与管理决策的主体混同

在我国的审判组织中,独任庭就是承办法官个人主审案件,合议庭一般是由审判员或者审判员和人民陪审员组成,而审判委员会则是一种多人组织,其成员一般包括院长、副院长及各业务部门负责人等。其中,审判委员会的权力最大,其作出的决定其他审判组织必须服从,这是法律的明确规定。而独任庭、合议庭作出的决议,往往是需要由庭长、院长或者审判委员会决定。庭长、院长、审判委员会在签批案件时行使的是审判决策权,而他们同时也是法院各项事务的管理决策主体。因此,审判组织作出的决议,实际上是由管理决策的主体决定的,二者呈现一种主体混同现象。换句话说,管

① 2002年8月,《最高人民法院关于人民法院合议庭工作的若干规定》确定,除部分案件由审委会讨论决定外,大部分案件由合议庭直接作出判决或裁定。但是,该规定同时规定,院长、庭长可以对合议庭的评议意见和合议庭制作的裁判文书进行审核,对评议结论有异议的,可以建议合议庭复议。合议庭复议后,庭长仍有异议的,可以将案件提请院长审核,院长可以提交审判委员会讨论决定。在司法实践中,一般如果是二审合议庭决定维持一审裁判的,合议庭就可以作出。如果是改变一审判决的,必须经过庭务会讨论同意,如果庭务会不同意而又协商不成的,报分管院长决定,决定不了的,提交审判委员会决定。实质上尽管选任审判长制度实行几年了,但是法院审判的行政化模式没有发生实质改变。反而,审判长又成为一个法院内部的行政级别,审判长似乎成为副庭长的后备干部。从一定程度上来看,本来是还权于合议庭的审判长制度又成了强化法院审判的行政化结构的制度。

理决策通过审批或者合议等形式,对审判组织的决议进行决定,这种运行机制实际上是一种幕后机制。

三、行政职级和法官等级相互对应

1982年11月,法院的人员编制从党政群机关中分离出来,作为政法专项编制单独管理,政法专项编制既适用于法官,也适用于包括行政管理人员、司法警察、书记员等。正如前所述,我国法院实行的人事管理制度,在很大程度上是套用行政机关的管理模式,而且也被纳入统一的国家机关人事管理体系之中。目前法官和一般公务员不同的是法官具有两种级别:行政职级和法官等级,其中法官等级是由法院评定的,行政职级是由组织人事部门任命的。但法官等级仅具有象征意义,而且根据法官等级评定的实践来看,法官等级一般也是由行政职级决定的。法官处于这种等级化体系当中,按照行政级别的不同,法官受审判长领导,审判长受庭长领导,庭长受分管副院长领导,副院长受院长领导。而从法官的政治、福利待遇来看,更多的是与其行政级别直接挂钩。因此,法官等级只是行政职级的一个外在反映,决定法官等级的只是法官的行政职级,当一名法官的行政职级到一定层次之后,其法官等级自然就随之上升。比如高级人民法院的院长,其法官等级自然任命为二级大法官。而这种不同行政级别的法官在审判案件时,就难以实现法官之间的平等。

第二节 审判机制的科层化结构所导致的问题

"在正规确立的组织中,通常存在专门的行政人员,负责维持组织的继续经营以及协调组织成员的活动。"①法院内部的行政管理系

① [美]彼得·M.布劳、W.理查德·斯科特:《正规组织——一种比较的方法》,东方出版社2006年版,第9页。

统,主要作用是对外协调获取法院正常运转所需要的资源,并在法院内部进行人财物的优化配置等。从其表面特征来看,行政管理系统具有明显的科层制特征。制度主义理论认为,当一个组织对另一个组织的依赖性越强的时候,其在结构、环境和行为重点上就会变得与这个组织越来越相似。资源的提供者越集中的时候,其需要者与其的相似性就越大;资源的提供者越多的时候,其需要者与整个资源提供组织所在的环境相似性就越高。① 我国法院的内部管理科层化制度也不例外。在战争年代,中国共产党在整个社会结构中享有绝对的领导权,其本身就具有严密的体系性和科层性。即使成为执政党后,其思维和执政方式仍然具有革命时期的延续性。在法院和法官的关系上,法院在一定程度上控制着法官发展的机会以及他们在社会、政治、经济及文化生活中所必需的资源,法院处于一种相对的优势地位,从而形成了法官对法院的服从和被支配关系,法官在依靠法院提供发展机会。法院和国家之间也一样。通过这种从国家到法院,从法院到法官的依赖链条,形成了法院对国家的强度依赖,法官对法院的强度依赖,致使国家控制了法院,法院控制了法官,导致了法院、法官对资源提供者的命令服从和向权力的积极靠拢,行政化由此渗透进法院的各个角落,也就出现了审判组织对法院管理组织行政上的单向依赖性,导致我们的审判机制出现以下几个方面的问题:

一、审判权行使主体之间的权力归属不清

(一)简易程序案件的适用范围不明确

根据我国诉讼法的规定,简单程序案件实行独任审理,案件最

---

① [美]保罗·迪马久等:《铁的牢笼新探讨:组织领域的制度趋同性和集体理性》,载张永宏:《组织社会学的新制度主义学派》,上海人民出版社2007年版,第33~35页。

终决定权属于法官个人;普通程序的案件实行合议庭审理,案件最终决定权属于合议庭成员。但从实践来看,基层人民法院绝大多数案件在初始立案时都是直接按照简易程序受理,这与我国立法对于简易程序案件的适用范围并不具体明确有很大关系。以民事案件为例,《民事诉讼法》第 157 条规定,基层人民法院和它派出的法庭审理事实清楚、权利义务关系明确、争议不大的简单的民事案件,适用本章规定。但对于何为"事实清楚、权利义务关系明确、争议不大",并没有进行明确规定。《最高人民法院关于适用〈中华人民共和国民事诉讼法〉若干问题的意见》曾经规定,下列案件可适用简易程序进行审理:第一类,结婚时间短,财产争议不大的离婚案件,或者当事人婚前患有法律规定不准结婚的疾病的离婚案件。第二类,权利义务关系明确,只是给付时间和金额上有争议的赡养费、扶养费和抚育费案件。第三类,确认或者变更收养、抚养关系,双方争执不大的案件。第四类,借贷关系明确,证据充分和金额不大的债务案件。第五类,遗产和继承人范围明确、讼争遗产数额不大的继承案件。第六类,事实清楚、责任明确、赔偿金额不大的损害赔偿案件。第七类,事实清楚、情节简单、是非分明、争议焦点明确、讼争金额不大的其他案件。从上述规定来看,对适用简易程序审理的民事案件进行了一定的明确。但《民事诉讼法司法解释》出台后,《最高人民法院关于适用〈中华人民共和国民事诉讼法〉若干问题的意见》即被废止,《民事诉讼法司法解释》对于简单程序案件的适用范围也进行了一定的解释,其中第 256 条规定"民事诉讼法第一百五十七条规定的简单民事案件中的事实清楚,是指当事人对争议的事实陈述基本一致,并能提供相应的证据,无须人民法院调查收集证据即可查明事实;权利义务关系明确是指能明确区分谁是责任的承担者,谁是权利的享有者;争议不大是指当事人对案件的是非、责任承担以及诉讼标的争执无原则分歧"。显然,司法解释的这种规定,仍然没有一个明确的判断标准。而在简易程序中的小额诉讼中,《民事诉讼法司法解释》第274条规定："下列金钱给付的案件,适用小额诉讼程序审理:(一)买卖合同、借款合同、租赁合同纠纷;(二)身份关系清楚,仅在给付的数额、时间、方式上存在争议的赡养费、抚育费、扶养费纠纷;(三)责任明确,仅在给付的数额、时间、方式上存在争议的交通事故损害赔偿和其他人身损害赔偿纠纷;(四)供用水、电、气、热力合同纠纷;(五)银行卡纠纷;(六)劳动关系清楚,仅在劳动报酬、工伤医疗费、经济补偿金或者赔偿金给付数额、时间、方式上存在争议的劳动合同纠纷;(七)劳务关系清楚,仅在劳务报酬给付数额、时间、方式上存在争议的劳务合同纠纷;(八)物业、电信等服务合同纠纷;(九)其他金钱给付纠纷。"第275条规定:"下列案件,不适用小额诉讼程序审理:(一)人身关系、财产确权纠纷;(二)涉外民事纠纷;(三)知识产权纠纷;(四)需要评估、鉴定或者对诉前评估、鉴定结果有异议的纠纷;(五)其他不宜适用一审终审的纠纷。"上述两个条文对于小额诉讼的适用范围从正反两方面进行了规定,但并不能全部适用于简易程序案件。因此,从立法来看,我国实际上没有对简易程序案件的适用范围进行明确的划定,也没有赋予当事人程序选择权以对法院的裁量权进行制约,这就为司法实践任意扩大简易程序的适用范围创造了很大的自由空间。① 加之近年来人民法院受理的各类案件急剧递增,根据最高人民法院的工作报告,地方各级人民法院2014年全年受理案件为1565.1万件,审结、执结1379.7万件,同比分别上升10.1%、6.6%;2015年全年受理案件为1951.1万件,审结、执结1671.4万件,同比分别上升24.7%、21.1%;2016年全年受理案件为2303万件,审结、执结1977.2万件,同比分别上升18%、18.3%;2017年全年受理案件为2573.5万件,审结、执结2275.6万件,同比分别上升11.7%、15.1%;2018年全年受理案件为2800万件,审结、执结2516.8万件,同比分别上升

---

① 参见傅郁林:《程序保障与繁简分流》,载《法学研究》2003年第1期。

8.8%、10.6%；2019 年全年受理案件 3156.7 万件，审结、执结 2902.2 万件，同比分别上升 12.7%、15.3%。为了解决案多人少的矛盾，几乎所有的基层法院在对民事案件立案时，基本都是先将案件立为简易程序由承办法官进行独任审理。如果案件较为复杂，简易程序审限内无法结案，或者虽然案件较为简单但当事人下落不明需要公告送达等情形时，才会考虑将案件转为普通程序审理。但即使此时转为普通程序由合议庭进行审理，由于独任审判时承办法官已经对案情相对更为了解，其个人意见在合议庭意见中一般仍然是主导意见。这种简易程序案件的适用范围不明确，导致了审判权行使主体的权力归属在独任庭和合议庭之间存在不清晰的情况。

（二）合议庭成员之间的权力归属与责任承担不清

首先表现在审判长的权力膨胀方面。法官与法官之间的地位无疑应当是平等的，但近年来在审判长、合议庭固定化的同时，审判长逐渐有演变成为一个新的审判层级的趋势。比如有的法院规定审判长可以决定案件的承办人，对合议庭其他成员有评价权，对合议庭审理的案件有签发权等。还有的地方在审判长与普通法官之间实行待遇上的区别对待，使审判长在地位上成为普通法官之上的法官。而且由于审判长一般资历较老，审判能力相对较强，在合议庭中自然也就更具有话语权，使审判长对审判的主持变成了对合议庭的主管，成为合议庭成员地位不平等、权属不清的新因素，也已成为一个新的行政化问题。蒋惠岭同志也认为：行政化不除，合议庭难回本位。[①] 其次表现在承办法官的权力有所越位。在承办法官制度下，案件的承办法官对案件质量负主要责任，而且承办法官对于案件信息的占有较其他合议庭成员更为全面，其他合议庭成员对于案件的处理意见，实践中基本上都是附和同意承办法官的意见。这种

① 参见袁定波：《合议庭组成"随机"引担忧　"行政化"不除难回本位》，载《法制日报》2008 年 4 月 25 日，第 5 版。

情况,正如时任最高人民法院院长肖扬所言“使合议庭成员处于形式上的平等和实质上的不平等”。[①] 这种权力归属的不清,也导致责任承担的不明确。以往无论是从法院的内部考核还是媒体的外部监督,更多的是将责任归结于案件承办法官。近年来很多法院实行了审判长负责制,但也导致审判长与承办法官、其他合议庭成员的责任设置不均衡的局面,并没有建立起合议庭共同负责的机制。

二、审判组织的运行机制不完善

(一)独任庭审判案件时的繁简度掌握不当

独任庭审判模式的运行在实践中表现最为突出的问题在于审判人员在适用简易程序审理案件时,不能较好地掌握适用简易程序独任审判的“度”的问题。有的虽然是适用简易程序独任审理,但开庭仍然按照普通程序的要求逐一进行,体现不出“简”的方面,审判效率不高;而有的案件则过于简化,走向另一个极端,庭审程序过分简单化,导致该查的事实查不清,该适用的程序不适用,最终导致案件事实和程序上都出现问题。

(二)合议庭运行机制的粗放化

尽管《人民法院组织法》《民事诉讼法》《刑事诉讼法》《最高人民法院关于人民法院合议庭工作的若干规定》等都对合议庭的运行机制有一定的规定,但上述规定仍然不够完整和全面,况且实践中并未很好地贯彻上述规定。比如,合议庭成员在庭审中的分工配合不够,有的采取承办法官全程主导庭审的方式,有的采取审判长报幕、承办法官实质主导的方式,有的采取审判长全程主导的方式,但不管采取哪种模式,就整体而言,合议庭成员的分工配合情况并不理想,有的越位,有的缺位;还有评议规则也不完善,尤其是缺乏细化的评议内容和操作性较强的评议程序,评议的随意性过大。实践

---

① 摘自2002年2月16日肖扬在山东法院视察工作时的讲话。

中,很多的评议笔录都是承办法官自己撰写完成后,交由其他合议庭成员签字即可,没有实质上的评议内容,即使存在评议也仅仅是对裁判结果发表意见,对于证据的采信、事实的认定、理由的撰写等,均是承办法官的个人思考结果,合议庭的集体意志和智慧没有得到充分的贯彻和体现。

(三)审判委员会的运行机制不够完善

首先,从人员结构上看,根据《人民法院组织法》的规定,各级法院审判委员会由人民法院院长和部分审判员组成。而实践中,审判委员会委员的选任标准一般与行政职务挂钩,审判委员会委员成为一种政治待遇,通常由院领导、业务庭庭长等人员组成,由此导致审判委员会的组成人员通常是行政领导的集合。这些领导中,有的是从其他非司法部门调入,甚至从未从事过法律及相关职业,法律专业知识欠缺;即使是曾经具有极高专业法律素养的领导,由于长期应对各种会议、活动等各类行政事务,能从事法律研习、提升的时间十分有限,法律知识的更新不及时,且担任领导后较少参加办案,不一定足以应对审判工作发展的需要;再者,法律的专业分工日趋细化,审判委员会委员一般只是熟悉自己分管或工作过的领域,对其他专业方向的案件审判并不熟悉。因此,审判委员会委员的行政化构成,淡化了审判委员会研究案件的专业性和针对性,不利于审判委员会职能的发挥。

其次,审判委员会讨论案件的范围也缺乏过滤机制。一方面,诉讼法对审判委员会讨论案件的范围规定不明确。例如,《刑事诉讼法》规定:对于疑难、重大、复杂的案件,合议庭认为难以作出决定的,由合议庭提请院长决定提交审判委员会讨论决定。但由于其中的“其他”“重大”“疑难”“复杂”等词语的含义不好准确把握,使审判委员会可以讨论的范围变得非常宽泛。另一方面,受法官办案压力大和当事人信访压力等因素的影响,一些案情不复杂,不属于疑难、重大的案件也提请审判委员会讨论决定,导致了审判委员会讨论案件的数量过多。这不仅加大了审判委员会的工作量,造成案件积压,影响办案效率,同时也使一些办案人员总想让审判委员会“把把关”,既不利于合议庭和独任审判庭职能的发挥,也不利于审判人员业务水平的提高。①

最后,目前审判委员会研究的案件,其汇报和研究质量均不高。审判委员会实行民主集中制,而民主集中制是一种行政化的议事和执行规则,其内涵与案件合议的多数人决策机制存在重大差别。尽管委员的权利义务是平等的,但委员的职务与其所发表意见的影响力紧密相连,从而导致审判委员会委员平等表达、表决的权利可能因一把手或主持人的集中和委员的职务影响而落空。而且,审判委员会是采取听取汇报再讨论的方式,在此方式下,审理案件的法官对案件最为熟悉,却只有汇报的义务没有参与讨论、决策的权利。加上委员事先对案件材料不熟悉,主要靠听汇报来了解情况,而汇报人往往在汇报时是念事先准备好的报告,有的报告长篇累牍,主次不分,委员们往往听得云里雾里,无法保证讨论质量。

第三节　人民法院审判机制改革方法

一、跨行政区划司法管辖制度改革方法

党的十八届三中全会通过的《中共中央关于全面深化改革若干重大问题的决定》指出,要探索建立与行政区划适当分离的司法管辖制度,保证国家法律统一正确实施。党的十八届四中全会通过的《中共中央关于全面推进依法治国若干重大问题的决定》,提出最高人民法院设立巡回法庭,探索设立跨行政区划的人民法院。最高人民法院在第四个“五年改革纲要”中,则更加详细地对此进行了规

① 参见张军:《司法公正的标准与理性的认识、追求》,载《人民司法》2010年第3期。

划，提出建立中国特色社会主义审判权力运行体系，必须要从维护国家法制统一、体现司法公正的要求出发，探索建立确保人民法院依法独立公正行使审判权的司法管辖制度。到2017年年底，要初步形成科学合理、衔接有序、确保公正的司法管辖制度。具体内容包括设立最高人民法院巡回法庭，探索设立跨行政区划的法院，推动设立知识产权法院，通过提级管辖和指定管辖改革行政案件管辖制度等。2014年12月，中央全面深化改革领导小组第七次会议又通过了《设立跨行政区划人民法院、人民检察院试点方案》，提出"构建普通案件在行政区划法院审理、特殊案件在跨行政区划法院审理的诉讼格局"。上述改革内容，可统称为"跨行政区划司法管辖制度"，是本轮司法改革的亮点之一，对于促进司法公正具有十分重要的意义。

（一）我国司法管辖制度存在的主要问题及成因

我国的司法管辖制度，在诉讼法学理论中，从部门法学来看，均存在诸多问题。而从司法权配置与运行机制改革的角度进行整体考察，主要问题是管辖制度中存在的地方保护主义导致管辖无序、管辖不公等现象，并在审判的不同阶段有多种表现形式：在立案阶段，有的法院明知没有管辖权，为保护本地利益会想方设法争夺管辖权，比如让当事人化整为零起诉，对外地当事人的起诉不予立案等；①在审理阶段对外地当事人从程序和实体上予以各种不公正对待；②在执行阶段对外地当事人申请执行的案件久拖不决，甚至给本地当事人通风报信等。③ 有学者指出，一个民族的生活创造了它的

① 参见孙邦清：《民事诉讼管辖制度研究》，中国政法大学出版社2008年版，第35页。

② 参见毕玉谦主编：《司法改革专辑：司法审判动态与研究》，法律出版社2001年版，第164～165页。

③ 参见江伟主编：《中国民事诉讼法专论》，中国政法大学出版社1998年版，第320页。

法制，而法学家创造的仅仅是关于法制的理论。① 我国司法管辖制度存在问题的主要原因，应当说是我国传统的地缘性、血缘性因素对司法管辖制度所造成的负面影响。

首先，司法的地方化、地方保护主义对司法审判造成的严重影响，本书前已述及，有很多学者也均撰文进行了批判，②在此不再赘述。仅想指出一点，除本书前面提及的法院管理机制的原因外，司法管辖范围与行政和立法的管辖范围完全重合也是一个很重要的原因。

其次，中国社会秩序的组织原理基本建立于血缘与地缘关系的基础上，从而形成了一个以关系、人情、面子和家族集体主义为主的伦理本位社会。③ 因此，我国传统社会是熟人社会、地缘社会，即使是在城市，也是一个关系社会或者“网络化的熟人社会”，人与人之间非常注重人情和礼尚往来；这种社会文化中，往往优先关注和满足内部人的利益，一旦内部人与外来的陌生人发生冲突和纠纷，往往会以牺牲外来者的利益为代价来维护社区的利益。而法律是文化的一部分，其在一定的文化范围内对特定社会的特定时间和地点所出现的特定需要进行回应。④ 管辖规则作为本地文化的一部分，也必然与当地文化融为一体。因此，对管辖制度进行改革，必须考虑其身处的社会文化背景，有针对性地进行制度改革。

（二）当前跨行政区划司法管辖制度的改革进程

实践中，根据顶层设计的改革要求，司法管辖制度的改革已经

---

① 参见苏力：《法治及其本土资源》，北京大学出版社2015年版，第302页。

② 具体可参见张卫平：《1996年全国诉讼法学年会学术观点综述（民事诉讼部分）》，载《中国法学》1997年第2期；李浩：《论改进管辖制度与克服地方保护主义》，载《法学家》1996年第5期。

③ 转引自孙邦清：《民事诉讼管辖制度研究》，中国政法大学出版社2008年版，第38页。

④ 参见苏力：《道路通向城市——转型中国的法治》，法律出版社2004年版，第32～33页。

在逐步推进。比如,最高人民法院根据改革要求已经在全国设立了6个巡回法庭审理跨行政区域的重大行政和民商事案件,一方面是为了避免地方保护主义的干扰,保证案件审判更加公平公正;另一方面也有利于最高人民法院本部从繁重的审判工作中解脱出来,更好地行使对全国各地法院的监督指导职能。2014年8月31日,十二届全国人大常委会第十次会议表决通过了《全国人大常委会关于在北京、上海、广州设立知识产权法院的决定》,最高人民法院同时于2014年10月发布了《关于北京、上海、广州知识产权法院案件管辖的规定》。2014年12月,随着上海市第三中级人民法院的挂牌设立,我国首个跨行政区划的法院也正式成立(见图6)。

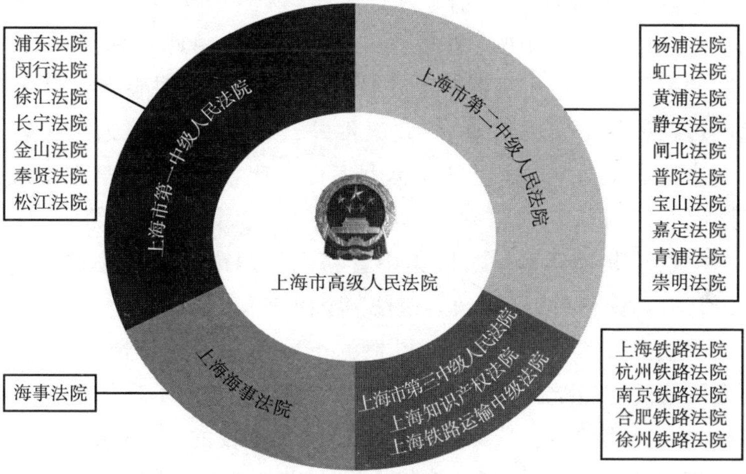

图6　上海法院结构

而对于行政法院的设立,学者虽呼吁较多,但最高人民法院目前并无此打算。十二届全国人大常委会第十一次全体会议通过新修改的《行政诉讼法》后,全国人大常委会办公厅召开新闻发布会,对此次修法内容集中解释。在发布会上,有记者提问最高人民法院计划在哪些地区开展行政法院试点工作,时任最高人民法院副院长江必新回答说,法院系统并无安排成立专门行政法院的打算。但根据党的十八届三中全会和四中全会的决定,以及这次诉讼法的规定,最高人民法院将指定一些法院来审理跨区域的行政案件。具体来说,利用原来铁路法院的框架,把一部分行政案件、与铁路交通有关的刑事案件、与行政诉讼有关的民事案件,指定到原来的铁路中院或者是基层法院进行管辖。将来条件成熟的时候,还可能并入其他案件(比如,环境资源类案件)。同时,根据中央政法委的要求,在不久的将来,最高人民法院将选择几个这样的法院来进行挂牌,以审理行政案件为主,而不是专门只审理行政案件。因此,根据目前的定位,跨区域管辖法院不属于专门法院序列,因为它除了审理行政案件以外,还审理部分刑事和民事案件;但也不是完全的普通法院,而是在这个序列中具备自身的一些特点。由此可见,我国目前开展的跨行政区划司法管辖制度改革,除最高人民法院设立巡回法庭审理跨省的重大民商事、行政案件外,改革的重点是通过跨行政区划审理行政案件,辅以其他类型案件。比如,上海市第三中级人民法院实行的就是铁路中院、知识产权法院、第三中院的“三院合一”模式,徐州铁路运输法院集中管辖原徐州市各基层法院管辖的一审行政诉讼案件。《行政诉讼法》第 18 条第 2 款规定:“经最高人民法院批准,高级人民法院可以根据审判工作的实际情况,确定若干人民法院跨行政区域管辖行政案件。”第 23 条第 1 款规定:“有管辖权的人民法院由于特殊原因不能行使管辖权的,由上级人民法院指定管辖。”第 24 条规定:“上级人民法院有权审理下级人民法院管辖的第一审行政案件。下级人民法院对其管辖的第一审行政案件,认为需要由上级人民法院审理或者指定管辖的,可以报请上级人民法院决定。”从这些法律规定来看,本轮司法权配置与运行机制改革并不会涉及行政法院的设立,而主要是通过提级管辖、指定管辖、集中管辖等方式对行政案件的管辖机制进行改革。虽然很多学者一直在呼吁设立行政法院,并认为行政审判机制改革有不同的路向,最理想的方案是设立独立的专门的行政法院；退而求其次是提高管辖级别，设立巡回法庭；第三才是交叉、集中管辖等。并且设立行政法院可以保证行政审判的公正性，而且行政审判的专业比较强，建立行政法院有利于有效处理官民冲突，化解各类社会矛盾，维护社会稳定等。[①] 但设立行政法院涉及法院审判机制的重大改革，在没有顶层设计的情况下，无法强行推进。因此，较好的方案是根据目前的改革设计，先将行政案件进行集中管辖，对一些特殊的行政案件再通过提级管辖、指定管辖等方式解决，待将来条件成熟时，可再提出设立专门的行政法院改革方案。

（三）推进跨行政区划司法管辖制度改革应当注意的几个问题

一是厘清跨区域法院与地方人大及其常务委员会的关系。我国《宪法》规定，法院由同级人民代表大会产生，并向同级人民代表大会及其常务委员会负责。实行跨行政区划司法管辖制度改革后，新成立的法院将跨越两个以上行政区的人大及其常务委员会，不再有对应的同级人大及其常务委员会。这种情况下，如何处理法院与人大及其常务委员会的关系就成为一个颇为棘手的问题。笔者认为，首先，跨行政区划法院由于其跨越两个以上的行政区，不宜再对哪一个行政区的人大及其常务委员会负责，应将其负责的对象提升一级，即上一级法院的同级人大及其常务委员会。其次，原来行政区的人大及其常务委员会可以监督跨行政区划法院在本辖区的工作，提出监督的意见和建议，若跨行政区划法院不采纳，可以向上一级人大常务委员会反映。最后，法官的法律职务任免也需要通过上级法院提请同级人大及其常务委员会任免，跨行政区划的中级人民法院名称也可以不再和行政区一致，可以按照××省第一中级人民法院、第二中级人民法院的名字进行命名。

---

① 参见马怀德：《设立行政法院刻不容缓》，载《民主与法制时报》2014 年 10 月 27 日，第 8 版。

二是推进跨行政区划司法管辖制度改革应当坚持方便诉讼、基层为主、资源整合、结合实际等原则。首先,不能因为实行跨行政区划司法管辖制度改革而导致诉讼参与人支出的成本过大。对此,笔者认为基层法院跨行政区划司法管辖的范围半径以不超过100千米为宜,因为按照车程来看,100千米路程一个小时左右即可到达,距离属于可接受的范围。其次,全国基层人民法院审结案件占全国法院审结案件总数的89.43%,[①]并且基层法院之间一般距离不远,在基层法院之间进行司法管辖整合也更为可行,因此改革应当以基层为主,待基层试点成功积累经验后,可再稳步推开。最后,推进跨行政区划司法管辖制度改革,必须在现有司法资源基础上进行资源整合,将重复的办案资源进行合理配置,结合实际减少司法行政人员,将更多的人员投入一线办案岗位,并尽可能充分利用现有的物质基础资源,避免产生浪费。

三是在改革过程中应充分吸收改革成果。最高人民法院在改革过程中已经设立了两个巡回法庭,我国直辖市中级人民法院的管辖范围一般也是跨行政区划的,浙江省、广东省、山东省、内蒙古自治区等地在实践中对于行政案件的提级管辖、异地管辖和集中管辖也积累了丰富的改革成果,实践过程中也出现了一些问题,都是我们在改革过程中需要加以注意的地方。比如提级管辖的实践探索,浙江省高级人民法院在保持行政审判力量配置不变的情况下,于2003年3月至2004年5月在辖区法院开展了行政诉讼提级管辖改革;广东省高级人民法院自2012年开始提级管辖改革尝试,并在2013年6月进行了初步的总结。根据浙江省和广东省的改革结果,虽然两地改革的时间段不一样,但最终都出现一个大致一样的趋势,即提级管辖的范围都向《最高人民法院关于行政案件管辖若干问题的规

---

① 参见周斌:《基层法院审结全国近九成案件》,载《法制日报》2011年2月16日,第5版。

定》第1条规定的提级管辖的案件范围回归，[①]这说明我国关于提级管辖案件的范围规定在目前的行政审判机制下有其客观的合理性。而全面提高行政案件的管辖级别，并不适合我国现行的法院审判机制，只有通过对我国基层法院管辖权的横向调整来予以解决。[②] 如浙江省台州市中级人民法院通过提级管辖和指定管辖相结合的方式，从行政案件异地交叉审理到实行异地管辖制度，得到了最高人民法院的认可，全国多个地方的法院也先后开展了不同深度的改革探索。集中管辖的案件目前主要集中在民商事和刑事案件上，既有最高人民法院决定的，也有各地法院根据当地情况试行的。比如，安徽省自2005年下半年将分散在50个区(县)法院审理的未成年人刑事案件交由12个区法院负责审理，江苏省2008年在《关于进一步做好因资金链断裂、投资者出走等经营异常行为引发批量诉讼的立案受理、管辖及诉讼保全工作的通知》及2009年《关于在当前宏观经济形势下妥善审理劳动争议案件的指导意见》中均提出要建立集中指定管辖制度，浙江省丽水市中级人民法院自2007年9月进行了行政诉讼集中指定管辖的改革并引起最高人民法院的关注。2013年4月最高人民法院发出《关于开展行政案件相对集中管辖试点工作的通知》，决定在部分中级人民法院辖区内开展行政案件相对集中管辖试点工作。以上实践中的各种做法，对于我们开展跨行政区划司法管辖制度的改革，均具有很大的借鉴价值，尤其是行政案件的集中管辖制度改革，对于我们今后设立行政法院有很大的

---

① 该条规定，有下列情形之一的，属于《行政诉讼法》第14条第3项规定的应当由中级人民法院管辖的第一审行政案件：(一)被告为县级以上人民政府的案件，但以县级人民政府名义办理不动产物权登记的案件可以除外；(二)社会影响重大的共同诉讼、集团诉讼案件；(三)重大涉外或者涉及香港特别行政区、澳门特别行政区、台湾地区的案件；(四)其他重大、复杂的案件。

② 参见叶赞平：《行政诉讼管辖制度改革研究》，法律出版社2014年版，第73～74页。

帮助。

二、审判权运行机制改革方法

党的十八届三中全会《关于全面深化改革若干重大问题的决定》提出要完善主审法官、合议庭办案责任制,实现让审理者裁判、由裁判者负责。第四个"五年改革纲要"提出要建立中国特色社会主义审判权力运行体系,完善以审判权为核心、以审判监督权和审判管理权为保障的审判权力运行机制,落实审判责任制,做到让审理者裁判、由裁判者负责,并要求至2015年年底健全完善权责明晰、权责统一、监督有序、配套齐全的审判权力运行机制。因此,审判权运行机制的改革,目的在于实现让审理者裁判、由裁判者负责,主要包括两个方面:一是赋予法官依法独立行使审判权的权力,二是增加法官权力的同时实现谁用权谁负责,且两者应协同捆绑推进。

(一)赋予法官依法独立行使审判权的权力

此次司法权配置与运行机制改革提出让审理者裁判,目的即在于去除司法的行政化,赋予法官依法独立行使审判权的权力。实际上在我国,独立审判是指法院、法官在司法职能行使上的独立性、自主性,即审判仅服从于法律的态度及立场。[①] 赋予法官依法独立行使审判权的权力,不但在实践中是非常必要的,而且于理论上也是可行的。第一,法院审理案件以法定的审判组织形式和方式进行,而不是以法院的整个结构进行,人民法院依法独立行使审判权,要借助于每个法官对个案的公正审理和裁判来体现。而要保证法官个人对案件的公正审理和裁判,就必须实现法官的中立审判。第二,法官参与审判的全过程,实际听取了当事人的意见和辩论,对案件的证据和事实具有比较明确和全面的了解,由法官通过参与合议

① 参见马荣:《对中基层法院推进司法改革的几点思考——从独立审判谈开去》,载《唯实》2014年第11期。

庭或作为独任庭法官对案件依法独立作出裁决，相对更为客观和公正。第三，由没有参与审理的人来决定案件的裁判结果，会造成审理的非公开性，剥夺了当事人向裁判者当面陈述意见、要求裁判者回避等程序权利。第四，法院内部的行政领导在没有参与庭审过程的情况下，仅通过听取汇报，很难全面了解案情，经过“层层审批”而作出的裁判结果导致过多的人过问案件的审理和裁判，容易使责任的承担不明确。第五，我国《法官法》(2017 年修订)第 8 条规定了法官享有依法审判案件不受行政机关、社会团体和个人干涉的权力，该条明确规定了法官而不是法院应依法独立行使审判权。因此，实现法官中立审判不仅于法有据，司法实践中在顶层设计的新一轮司法权配置与运行机制改革方案下，也是完全可行的。而要实现赋予法官依法独立行使审判权的权力，主要应从以下几个方面入手：

一是放权，还权于法官，还权于合议庭，改革以审判庭为单位的组织架构。《人民法院组织法》明确规定了刑事、民事等审判业务庭的设置，但并没有规定该机构的具体功能。从法律规范来看，审判庭的设置本身就是科层制组织的一个中间层级；从实际运作来看，它是对相关的审判活动行使管理职责的法院内部常设审判和管理机构。对于业务庭设置与否，有学者认为，在法院内部机构设置方面，可以考虑取消越来越多的专业审判庭，形成法院内部的非行政化结构，相应的也就无须再设置分管各审判庭的副院长，只需设置协调法院内部关系的法院院长和主管法院事务的事务局长。① 如珠海横琴新区人民法院在成立时即未设置任何业务庭，同时规定独任审理的案件，裁判文书由承办法官签发；合议庭审理的案件，裁判文书由合议庭成员签发。四川省成都高新技术产业开发区人民法院肖宏法官认为，庭长的设立和行政管理职责的存在是审判制度行政

---

① 参见张卫平：《论我国法院体制的非行政化》，载《法商研究》2000 年第 3 期。

化的症结所在,应当撤销带有行政管理权的审判庭设置,解决行政权入侵司法审判权的问题。① 但也有学者认为应当保留业务庭,但应取消业务庭的行政职能。如姚莉教授认为:“未来的法院是一个高度专业化的、由精英法官组成的审判组织,法官审判业务的专业化是提高审判质量、保障司法公正的重要因素,因此,法官应当相对固定地从事某一类型案件的审判工作,法院也应当保障其审判案件类型的稳定性。因此,法院内部构造应当能够为法官的专业化提供一种制度保障,业务部门的划分便是其中最重要的制度。根据法官的特长和兴趣将其划归一定的业务部门,法院受理案件后,区分不同的案件类型交由相应的业务部门的法官审理,也有利于提高法院程序运转的效率。法院业务部门的划分大体上可以与现在法院业务庭的划分相类似,包括刑事庭、民事庭、行政庭和知识产权庭。”②

“由于人民法院不以审判庭名义审理案件,所以审判庭并没有审判组织的地位,而属于司法行政机构”。③《人民法院组织法》中规定的各类审判庭,在司法实践中行使的主要是一定限度和范围的对内和对外行政管理的功能,但由于庭长或者庭务会的存在,实质上业务审判庭承担着幕后的审判功能,准确地说审判庭是作为合议庭或者法官和院长之间的业务审判和管理层级,这也是审判权力和管理权力重合的一个体现。对审判庭的功能准确认识之后,检视审判庭取消和保留的两种观点就会发现,虽然姚莉教授主张保留审判庭,但是经过其改造后的审判庭已经不再是目前司法实践中的审判庭了,这和取消审判庭的观点看似矛盾,实质一致。基于司法专业化、技术化与分工之精神,各国法院均趋向于依事件之性质,分配案

① 参见肖宏:《中国司法转型期的法院管理转型》,载《法律适用》2006年第8期。
② 姚莉:《法制现代化进程中的审判组织重构》,载《法学研究》2004年第5期。
③ 蒋惠岭:《试论审判机构的改革》,载《人民法院报》2004年6月23日。

件。[1] 审判组织也应当强调专业化,即尽可能按照性质来分派案件。因此,赋予法官独立审判权,应当将带有行政管理职能的审判庭取消或者将审判庭的行政管理功能取消,改造成为独立行使审判功能的业务组织。一般而言,可以在原有庭室的基础上,根据地区不同、级别不同按照案由的不同,分别成立小额速裁类、建设工程类、交通事故类、一般侵权类、民事合同类、商事合同类、公司类、家事类、少年类、环境资源类、一般行政类、刑事侵财类、刑事侵权类、审监类等类似性质的专业化审判团队,并将进入法官员额的院长、庭长直接编入各审判团队,实行随机分案,与其他普通法官一视同仁,从而实现行政权与审判权的物理隔离,建立起一个合议庭即为一个审判庭的审判权运行模式。如此改革,一方面符合司法权力的运行规律和要求,另一方面也不妨碍审判组织本身专业化的分工要求。比如,江苏省南京市栖霞区人民法院实行主审法官制,选任了 6 名主审法官,配备了专门的法官助理、书记员和一间以主审法官名字命名的审判法庭,制定出“权力清单”和“院长、庭长职责清单”。“权力清单”明确赋予主审法官独立决定案件审理中的程序事项和流程安排,独立决定案件的实体处理(定案)、签发法律文书,独立行使除法定专属院领导、庭长审判管理权以外的权力;“院长、庭长职责清单”规定只有在主审法官的申请下,庭长和分管院领导才可以对相关案件进行审判指导,对院长、庭长指导案件的情况,主审法官、合议庭应当制作笔录附卷,实现全程留痕,而且明确院长、庭长提出的指导意见仅供主审法官参考,不得强制要求主审法官按照自己的意见作出裁判。此外,取消业务庭建制后,还可以成立以法官名字命名的法官法庭、法官办公室,以提高法官的职业尊荣感。

二是限权,限制院长、庭长的权力,重构其地位和职责。我国现

---

① 参见胡玉鸿:《司法公正的理论根基》,社会科学文献出版社 2006 年版,第 304 页。

行审判机制中,院长、庭长既是行政管理者,又是法官,依靠案件审批制度对案件进行定性、把关,承担着幕后的审判功能。法院的院长、庭长,在大多数人眼里,第一印象是一个行政长官,其次人们才会看到其审判职务,这与长期以来法院的院长、庭长大多不自己办案有很大的关系。实际上,我国自司法职业化改革启动以来,包括卸任及现任的110多名大法官中,据《南方周末》整理,也仅找到11名大法官亲自开庭的记录。而在2002年首届大法官会议上,时任最高人民法院院长、首席大法官肖扬在讲话中阐述他对"大法官"的理解时也提到:"大法官不仅是职务和荣誉,更重要的是一种责任;不仅是资历和经验的标志,更重要的是法律专业水平和审判能力的象征。"肖扬院长希望大法官们能在思想品质、法学涵养、断案经验等方面,成为全体法官的楷模。题中之义,当然包括开庭审案。但从实践来看,不仅是大法官们,基层法院的院长、副院长、庭长们,虽然他们大多是业务能力强、审判经验丰富的法官,但也大多不审案了,甚至有法官在当上庭长后谈道,"我以前的梦想就是当一名庭长,因为当上庭长以后,我就可以不再办案子了"。他们虽然大多不开庭审案,但并不代表他们不定案,实际上他们是在以审批案件的方式在"审案"。司法权是判断权,法官行使的权力是裁判权,审理案件是法官的天职。最高人民法院于2006年颁发的《关于增加司法能力、提高司法水平的若干意见》中提出:"要加强干部管理制度建设,建立和落实好院、庭长办案制度,积极探索保障院、庭长办案的审判组织和运行机制保障办法,确定院、庭长每年直接参与合议庭办案数量的硬指标,并列入岗位目标考核的重要内容,各级领导干部尤其是院、庭长必须排除一切困难和干扰,切实承担起审判职责"。

因此,重构院长、庭长的地位和职责,第一,应当明确院长、庭长的审判职务,不得再签发法律规定以外的任何案件。院长、庭长应当和普通法官一样,去开庭、审案,所有独任审理的案件由独任法官个人决定案件结果,合议庭审理的案件则由合议庭共同决定,即使院长、庭长作为审判团队的审判长，也不具有案件的签发权，而是应由合议庭依据少数服从多数的原则进行评议共同决定案件结果。如江苏省高级人民法院于2014年5月下发了《关于全省法院院、庭长办案的意见》；江苏省徐州市则选择了三家基层法院开展审判权运行机制改革，全面推行院长、庭长办案，缓解了一线法官压力，尤其是院长和庭长（正职）回归审判台，也打消了外界对于院长、庭长长期脱离一线、业务能力与审判实际脱钩的疑虑。其中，徐州市鼓楼区人民法院试行专业化审判团队制度，在对各庭室审判资源、"类案"比例等展开调查研究的基础上，分别成立小额速裁类、建设工程类、民事侵权类、民事合同类、商事合同类、公司类、家事类、少年类、行政类、刑事侵财类、刑事侵权类、审监类12个审判团队，实行类案专审；每个团队按照"1+2+3+4"的模式分别由专家型法官（1人）、潜力型法官（1人）、储备型法官（1人）、法官助理（3人）、书记员（4人）组成，规定所有独任制案件的法律文书全部由法官自己签发，合议制案件的法律文书由审判长签发，取消了所有院长、庭长的法律文书审核签批权。并按照"权责统一"的原则，明确主审法官、合议庭成员的办案责任与免责条件，健全错案、办案过错认定标准和问责机制，被学者称为一种基层法院审判权运行机制改革的较好样本。[①] 第二，院长、庭长办案应当注重实质性的参与案件的审理，不能仅作为合议庭的审判长参加办案而将大量实质性的审理案件的工作交给合议庭的承办法官。院长、庭长不仅要作为审判长参与案件的审理，而且要办理独任审判的案件。

三是改革审判委员会工作机制，规范权力行使。由于审判委员会制度运行中存在种种问题，便有了关于审判委员会的存废之争。笔者认为，审判委员会制度在我国目前的司法体制现状下，仍有其

① 参见潘剑锋：《权力运行机制改革的基层模式选择》，载《人民法院报》2015年10月22日，第5版。

存在的必要性。从发展的角度来看,任何事物都存在一个产生和发展完善的过程,不能因为审判委员会制度运行过程中出现一些问题就完全否定其价值。正如有学者指出的那样,如果一种制度一出现弊端就意味着废除,那么恐怕任何制度都没有存在的理由了。① 审判委员会是具有中国特色社会主义司法制度的重要组成部分,应从促进审判权规范和统一运行的目标出发,解决微观制度运行中的实际问题,发挥其积极作用。具体而言,可从以下几个方面入手改革审判委员会工作机制:

第一,规范审判委员会委员的选任。审判委员会作为业务性很强的机构,必须优化审判委员会的委员构成,走精英化之路。从长远来看,应规定审判委员会委员的组成比例,取消员额后法院行政官员的审判委员会委员资格,并探索除了按照组织人事原则保留领导委员人数以外,在非领导法官中择优选任审判委员会委员,确保把理论水平高、业务能力强、司法实践经验丰富的优秀法官选入审判委员会。第二,建立审判委员会讨论案件的过滤机制,成立专业法官会议制度。专业化分工会使讨论更具有针对性和有效性,从而提高工作效率,节约有限的司法资源;也有利于法院抵抗外界不当干扰,对于那些不担任领导职务的法官,由于没有职务的束缚,更能够也更愿意独立发表真实意见。因此,可以根据专业化分工的现实需求,设置刑事、民事、行政等专业法官会议,分别由相应审判委员会委员、庭长和部分资深法官组成,其职责定位于研讨案件审理过程中发现的法律适用难题或者其他重大疑难复杂问题,为合议庭提供咨询服务;先行审查合议庭拟提交审判委员会讨论决定的案件是否符合范围要求,为审判委员会决策提供参考意见。第三,改革审判委员会会议制为审理制。要改变审判委员会"审者不判、判者不

① 参见苏力:《送法下乡:中国基层司法制度研究》,北京大学出版社2011年版,第92页。

审”的局面，应当改革审判委员会会议制为审理制。既可以由委员单独组成合议庭直接审理案件，也可以参与到合议庭一起审理案件；对于合议庭将要提交讨论的重大案件或者疑难案件，开庭时可以要求审判委员会委员到庭旁听庭审，直接听取当事人的陈述和辩论，以准确把握案件的争议焦点，增加对整个案件的理性认识，全面了解案情，并避免主观臆断。第四，建立审判委员会讨论案件互评机制。首先是要建立委员和汇报法官讨论案件的互评机制，由审判委员会委员与合议庭成员在审理报告质量、案情熟悉程度、逻辑思维能力、适用法律能力和法学理论功底等方面进行双向互评，并将互评情况作为部门和个人的评先评优、晋级晋职的依据之一；其次是要建立人民陪审员列席审判委员会制度，对合议庭有人民陪审员参加的，审判委员会讨论案件时应当通知人民陪审员列席并发表意见，以纠正“陪而不审、合而不议”的现象。

四是规范院长、庭长审判监督权，做到院长、庭长的监督全程留痕。院长、庭领导通过依法对生效案件启动审判监督程序，依法审批法律规定的案件审理中的程序事项，督办重点案件，指导合议庭评议和复议，决定提请审判委员会讨论等，均应当采取规定的形式进行，明确表达其法律适用等方面的意见或观点，并全部入卷、形成电子档案。另外，为贯彻落实《中共中央关于全面推进依法治国若干重大问题的决定》有关要求，防止领导干部干预司法活动、插手具体案件处理，确保司法机关依法独立公正行使职权，中共中央办公厅、国务院办公厅印发了《领导干部干预司法活动、插手具体案件处理的记录、通报和责任追究规定》，中央政法委又印发了《司法机关内部人员过问案件的记录和责任追究规定》，最高人民法院为贯彻上述两项规定，出台了《人民法院落实〈领导干部干预司法活动、插手具体案件处理的记录、通报和责任追究规定〉的实施办法》和《人民法院落实〈司法机关内部人员过问案件的记录和责任追究规定〉的实施办法》。中共中央办公厅、国务院办公厅和中央政法委出台的两项规定,以及最高人民法院出台的两个配套实施办法,对于保证法官独立审判、推动公正廉洁的司法建设均起到了重要的作用。但也有学者提出,由行政机关规定司法机关的义务不符合基本法理,因此在司法实践中应统筹安排,进一步细化相关制度。笔者认为,第一,应进一步细化相关词义。比如,《领导干部干预司法活动、插手具体案件处理的记录、通报和责任追究规定》为了防范来自各方面的干扰,将通过领导干部身边的工作人员、亲属干预司法活动的行为也加以规范,但并未明确"身边工作人员、亲属"的范围。同时,实践中关于是领导授意还是个人行为的区分也很难界定,需要在实践中加以具体考量。再如,对于"干预司法活动、插手具体案件处理"中"其他违法干预司法活动、妨碍司法公正的行为"的范围,也应当加以明确,列明干预司法活动行为的主要特征,防止干预司法活动行为走向隐秘化。第二,应当书面留证以防止记录不力。尽管中共中央办公厅、国务院办公厅和中央政法委都规定法官可以通过记录来防止干预,但现实中干预或插手方式也因此变得更加隐晦,难以留下干预的痕迹,法官自身的恐惧加上证据的难以取得,使该制度更加难以落实。因此,应建立书面留证制度,如果法官认为行政机关、司法机关内部人员的行为干预了司法活动,其有异议权与拒绝权。如果相关领导坚决要求执行的,法官有权要求其出具加盖公章的书面文件,否则可以拒绝执行,其他一切行政机关或个人的往来也必须采取书面形式,防止因证据不足而导致记录不力。第三,应当创新规范化流程处理说情打招呼的现象。比如,应当告知涉案反映人应当采用书面形式转达涉案请求,对坚持要求面谈的应通过正常途径公开进行,属于有关主管部门或相关组织要求来访的应按接待来访的规定在法院内公开进行,对领导同志口头转达涉案反映未批转书面材料的应制作电话记录再转批交办,同时对阅批涉案反映材料后需要交办的均不得直接交给承办人,应经分管院长、庭长、审判长等逐级转递。

（二）统筹协调落实司法责任制与法官依法独立行使审判权的履职保障

法官从来不是圣人，不可能天生就具备比常人更强的抵御权力诱惑的能力。从防范权力滥用的视角，也不应当寄希望于每一个审理案件的法官具有更高尚的道德和更公正的自觉。让审理者裁判，自然会面对审理者不公正裁判的风险。如果审理者的裁判不公平、不正义，则应当“由裁判者负责”。因此，必须规范审理者的裁判权力行使，把审理者的裁判权关进“制度的笼子”，让审理者枉法裁判不能犯、不敢犯。其中，建立健全裁判者的裁判责任制度，是必然的制度选择，针对司法队伍现状，在放手让审理者裁判之前必须首先构建先行制度。在真正让审理者裁判之前，构建起完善的防范监督制度，是一种现实的改革路径。

在这种改革方向的指引下，中央全面深化改革领导小组第十五次会议通过了《最高人民法院关于完善人民法院司法责任制的若干意见》，在审判责任的认定和追究上，从审判责任范围、审判责任承担以及违法审判责任追究程序三个方面进行了规定。在审判责任范围方面，规定了如果法官的履职行为存在故意违反法律法规，或者因重大过失导致裁判错误并造成严重后果的，依法应当承担违法审判责任，并列举了 7 项应当追究违法审判责任的情形和 8 项不应追究错案责任的情形，同时对负有监管职责的人员在何种情形下应承担监督管理责任进行了概括性规定。在审判责任的承担方面，对于独任制审理、合议庭审理、经过审判委员会讨论的案件分别应由谁承担、如何承担责任均进行了规定。应当说，司法要具有公信力，获得民众依赖，首先就应当让民众了解司法裁判形成的过程、结果和责任。因此，建立权责明晰、权责统一、监督有序、制约有效的司法权力运行体系，进一步健全和完善司法责任制，是本轮司法改革的核心和关键，也被称为司法改革的“牛鼻子”。而中央全面深化改革领导小组第十五次会议审议通过的《关于完善人民法院司法责任制的若干意见》,既是全面贯彻落实党的十八届三中全会提出的"让审理者裁判、由裁判者负责"的具体举措,也是人民法院审判权力运行机制改革取得的阶段性成果。

但在改革进程中,对于是否应当全面推行司法责任制,却存在一些分歧。从一般社会公众的感受来看,法官代表国家行使审判权,手执定分止争、生杀予夺之大权,也理应承担严格的错案责任,且无论如何严厉和苛刻均不过分。而以专家学者和法律职业共同体的观点来看,法官要对过去已经发生的未知事实作出判断,一旦因证据的关联性、合法性缺陷导致不能证明事实真伪,同时法官的职业伦理又不允许拒绝裁判时,如果简单地让法官承担严格的错案责任,法官不得不通过反复调解、加重当事人举证责任、发回重审、提交审委会讨论、选择式裁判等多种方式替代独立判断和公正判决,司法自身所担负的衡平利益、惩恶扬善等价值和功能就要大打折扣,司法公正的目标也就难以实现。① 实际上,早在2000年左右,法院内部就曾进行过审判方式的改革,相比此次改革的试点逐步推进,当时的改革在措施上更为激进,要求院长、庭长不签发文书,法官做到一步到庭、当庭宣判,但改革不到一年即夭折。目前来看,当时改革失败的原因可以概括为三点:一是没有建立完善的庭前准备程序,要求一步到庭不符合司法规律;二是当时法官素质良莠不齐,没有达到一步到庭、当庭宣判的程度;三是同案不同判现象严重,法官没有形成统一的裁判思维,同一种事实在不同法院甚至同一业务庭里就有不同的判决。有学者提出,没有对2000年审判方式改革的教训进行充分总结,贸然下放审判权必然重蹈前车之覆辙。而此次改革者开出的药方是,下放权力的同时承担更大的责任,正所谓权力与责任相一致原则。

---

① 参见贺小荣:《如何牵住司法责任制这个牛鼻子》,载《人民法院报》2015年9月23日,第5版。

而成文法的重要缺陷就是滞后性和必然存在漏洞，这就决定法官需要通过自由裁量权对法律进行解释和填补漏洞，许多伟大的判决本身就是对法律的突破，机械执行法律反而不能带来正义。但当法官在裁判时首先考虑的不是正义，而是如何不被追究错案责任，甚至如何才不会被以滥用职权、玩忽职守等罪名追责，如何能够作出符合正义的判决？河南王某荣法官因办理案件被以玩忽职守罪追究刑事责任的判决书，[①]让很多法官调侃道："如果这样，那还能愉快地办案吗？"当一个法官因未识破当事人恶意诉讼出具调解书被追究刑事责任，因按证据形式判决后当事人自杀而被追究刑事责任，当法官因判决不被当事人接受而被辱骂、诽谤，甚至家人受到威胁而无处救济，这种以去行政化为名简单下放审判权，实际上可能是一种对法官的不负责任。面包尚未看到，大棒已经举起，对此笔者在访谈一线法官时，很多一线法官也谈到不愿被赋予这么大的权力，甚至一些法官要求被管理的呼声还很高，如H省法院在改革进程中就遇到法官员额报名不足的现象。

改革会改变既有的利益格局，必然会面对诸多阻力。司法责任制的改革，是一项迫切的基础性改革，关键在于如何推进。丹宁勋爵曾说，绝对不能给法官一个独立的地位，又让法官颤抖地问这样会被问责吗？应当考虑到的是，司法责任制的实施可能会产生如下问题：一是因为担心被追责，即使给了法官更大的权力，法官也不敢行使，导致改革成果被抵消。二是基于同样的担心，遇到疑难复杂

① 王某荣原为河南省周口市川汇区人民法院刑庭庭长，在判决其构成玩忽职守罪的判决书中显示，王某荣本人辩称其在办理于某某诈骗一案中，自己当时作为案件的主审人和审判长严格履行了庭前审查，开庭前汇报院领导并提出让审委会委员参加旁听，组织合议庭进行了四次合议，三次提交审委会讨论，并在罪与非罪问题上向市中院请示，市中院也作出构成诈骗罪的书面答复，而判决中驳回王某荣此节抗辩的理由是王某荣作出案件事实清楚、证据充分的审理报告相继汇报到院审委会和市中院，导致院审委会和市中院作出错误决定。

案件,法官即将案件提交给审判委员会讨论,或者向上级法院请示,从而转移自己的风险,逃避责任,不仅达不到去行政化的目的,反而会加强行政化。三是由于担心被追责,可能产生法官“用脚投票”的现象,导致离职人数增多。据 2014 年 3 月 12 日《解放日报》报道:“2013 年,上海法院辞职的法官有 70 多名,较 2012 年有明显增加。据调查,这部分离职法官多为 35 岁至 45 岁的高学历男性,法学功底扎实、审判经验丰富,不乏中级法院副庭长之类的业务骨干。某区法院去年有 10 名法官离开法院,其中某庭甚至出现集体出走现象。”从全国来看,自 2010 年至 2015 年,全国法院系统辞职的人员分别为 194 人、205 人、237 人、327 人、654 人、1075 人,虽然整体数量不大,但呈逐年递增趋势,且辞职人员多为中青年业务骨干,其中 2015 年还有 1000 余人提出辞职但是未获批准。

2017 年 7 月,最高人民法院召开新闻发布会介绍人民法院推进司法责任制等改革的有关情况,在回答记者提问时,有记者问如何看待法院人员流动数量增多的问题,最高人民法院政治部法官管理部部长陈海光对此进行了回应。陈海光介绍,近年来随着我国经济社会的快速发展,人员流动的现象在各个行业都日益突出,在法院系统内部出现了个别法官辞职也是正常的人员流动现象。通过对法院 2014 年以来全国地方法院人员流动情况进行的调查摸底,结果显示,目前法院新进人员和减少人员数基本持平,比如说 2016 年全国法院新增人员 1.9 万人,减少 1.77 万人。减少原因也很复杂,由高到低排序,包含退休、组织调动、辞职、死亡等多种原因。陈海光表示,单就辞职这一原因里面,各类人员的辞职总数占人员减少总数比例不高,仅占 10% 左右(1700 余人)。具体到法官来讲,全国法官的辞职数近几年也是低位运行。现在全国法官辞职人数占全国地方法院总人数的比例,近几年一直保持在 0.35% 以下(平均每年 400 余人)。但可以明确的是,仅就近十年来看,法官的辞职人数,是呈现出年均递增现象的。

不可否认,事物都有其两面性。虽然有学者在近20年前就提出错案追究制不符合法治国家的目标,从错案追究制缺乏归责的合理基础因而无法达到制度设计的目标;错案标准难以把握,由此而产生的惩罚权的主观随意性将给现代司法制度带来重创;错案追究制缺乏审判组织基础,错案追究制失去了审判程序基础;错案追究制度与现行《法官法》不符等方面,认为不应该实行错案追究制。[①] 但改革的意见已经出台,改革的方向也已经明确。因此,我们所应做的,应当是研究如何落实司法责任制,或者说我们需要一个什么样的司法责任制,如何在落实司法责任制与改革审判权运行机制方面找到平衡点。况且即使是主张废除错案追究制的学者,他们也大多在从惩罚转变到提高法官素质和加强地位保障、从对结果的关怀转移到对行为的监控上来、从注重实体公正转向注重程序公正判断法官行为正当与否、由分散的错案追究组织转向全国统一的法官惩戒委员会等方面提出了自己的改革意见。笔者认为,如何在尊重司法权自身运行规律的基础上,建立更加科学而又符合中国实际的司法责任体系,必须综合考量法官群体的职业化水平、社会公众对司法的认知程度、现行法律制度提供的裁量空间等诸多因素。重点就权力主体、监督制约、审判责任、豁免原则、履职保障等几个方面作出具有可操作性的制度安排,要以法治的思维,以制度化的模式对待改革,应当在落实法官职业保障的前提下再下放审判权,在严厉制裁法官故意违法乱纪的同时,更为重要的是树立法官的职业尊荣感。

对于责任,我国历来强调结果责任,这与目前国际上通行的问责制度存在本质区别。现代问责要求责任主体清晰、问责标准和事实关系公开透明,同时允许自我辩解,对于因果关系和免责事由必

① 参见周永坤:《错案追究制与法治国家建设——一个法社会学的思考》,载《法学》1997年第9期。

须履行充分的说明义务。如果忽视了这些差异,改革中导入的司法问责举措很可能落入传统结果责任制的窠臼。从当前司法责任制改革实践来看,明显受到传统的结果责任制影响,过分侧重结果责任而不是说明义务,过分侧重对社会效果的政治性考量而不是法理标准,过分侧重制裁的威慑力量而不是职业保障。如果对结果责任的追究是终身的,那么法官的责任负荷的确太严苛、太沉重,最后很可能促进司法人员回避责任和转嫁责任的行为。何况目前的司法政策并没有确立法官只服从法律的原则,在顾全大局、注重群众满意度的口号下,问责标准已经变得模糊不清,法官推卸责任的退路本来就是"路路通"似的状态,最终很可能演变出无人判断、无人负责的局面。鉴于上述问题,应该强调对法官们工作的程序保障、职业保障,不能片面追究结果责任。另外,要使待遇与责任相匹配,通过薪酬以及其他方面的优厚待遇确保吸引优秀人才来执掌司法权,形成和加强法官忠于职守的内在动机和执行能力。地方法院的内设机构过多,也会造成司法职能的碎片化,既不利于司法责任制的落实,也影响办案的质量和效率;因此,对地方法院的内设机构也要进行改革,整合基层司法资源,而上级法院更要尊重、支持基层法院创造性探索,不能要求基层法院对口设置机构,更不能以不划拨编制、经费、装备等办法变相施压,要通过权力和资源的重组来克服司法过程中的障碍和配套条件缺失的问题。具体而言,可从以下几个方面考虑开展改革:

一是要明确审判权的行使主体。建立司法责任制所面临的首个问题,即应当由谁来负责。传统的案件审批制不仅违反了直接言词原则与亲历性原则,也导致审判责任承担主体的不明晰,这也正是此次改革同步推进法官员额制的原因。通过员额制的改革,可以明确进入法官员额的院长、副院长、审判委员会专职委员、庭长、副庭长应当办理案件,对于重大、疑难、复杂的案件可以直接由院长、副院长、审判委员会委员组成合议庭进行审理,除审判委员会讨论决定的案件以外，院长、副院长、庭长对其未直接参加审理案件的裁判文书不再进行审核签发。这一系列改革举措，实现了院长、庭长由过去审批案件向办理案件的转变，可以充分发挥院长、庭长作为资深法官富有审判经验的优势，也有利于去除法官职业的行政化弊端。鉴于前文对法官员额制已经有了详细论述，此处不再赘述。

二是要开展内部监督制约的转型。实行了司法责任制，那么传统的审判管理权与审判监督权还有无存在的必要？以往，由于审判权与审判管理权的界限不清，审判管理权对审判权有所压制，违背了“以审判权为核心”的原则，导致“审者不判、判者不审、判审分离、权责不清”，也由此引发了人们对审判管理权的否定。事实上，现代社会公权力的运行均离不开必要的管理，人民法院的审判活动也不例外。[①] 但应当说明的是，为了确保法官独立行使审判权，审判管理权应当受到明确的限制，如应限定在程序性事项范围之内，对于与案件有关的实体性事项均不应当属于审判管理权的管理范围。同样，审判权也应当受到审判监督权的制约，但不能直接被审判监督权所改变，应当做到监督的有序、有度、有痕，并且怠于行使监督权导致裁判错误并造成严重后果的还应当承担相应的责任。笔者认为，实现“让审理者裁判、由裁判者负责”的同时，更重要的是要做好对审判权的监督制约，防止审判权的“任性”，即要落实好院长、庭长的审判监督管理职责，解决好“不愿放权”的问题、“不敢监管”的问题和“不善监管”的问题。

随着司法责任制改革各项措施的全面落地，员额法官主体地位得到了进一步凸显，而审判质效和司法公信力能否得到切实保证的问题，已成为司法责任制改革后社会的普遍关切。为此，最高人民法院在出台《关于完善人民法院司法责任制的若干意见》的基础上，

---

① 参见贺小荣：《如何牵住司法责任制这个牛鼻子》，载《人民法院报》2015 年 9 月 23 日，第 5 版。

于2018年12月5日印发《关于进一步全面落实司法责任制的实施意见》,要求各级人民法院坚定不移推进司法责任制改革,健全完善权责明晰、权责统一、监管有力、运转有序的审判权力运行体系,正确处理充分放权与有效监管的关系,切实转变人民法院院长、庭长监督管理审判执行工作的理念和方式,进一步落实院长、庭长审判监督管理职责,以依法有效的监督管理确保司法责任制改革落到实处、见到实效。

首先,要解决好"不愿放权"的问题。在法官员额制改革完成后,突出法官在审判执行中的主体地位,严格落实"让审理者裁判,由裁判者负责"制度,既是司法责任制改革的刚性要求,也是检验司法责任制改革真正落地与否的关键性标准。也就是说,严格落实司法责任制,前提是确保"充分放权",法官、合议庭等法定审判组织既为具体案件的"审理者",就理应是名副其实的"裁判者",即在"放权"给独任法官、合议庭的问题上没有讨价还价的余地。因为根据"让审理者裁判,由裁判者负责"的司法责任制改革要求,建立权责明晰、权责统一、监督有序、制约有效的审判权力运行机制,与其说是应"放权"给"审理者"和"裁判者",不如说是"还权"于法官、合议庭等法定审判组织。但从司法实践来看,"不愿放权"的现象仍然较为普遍,主要症结存在于对审判权力运行已习惯于搞"层层审批"模式的院长、庭长身上。因而解决"不愿放权"问题,主要取决于各级人民法院的这些"关键少数"能否真正解放思想、更新理念,自觉突破"行政化"藩篱束缚,主动摒弃不合时宜的思想观念和机制弊端,坚决把除审判委员会讨论决定外的案件定案权完整地交给独任法官、合议庭等法定审判组织。因此,《关于进一步全面落实司法责任制的实施意见》重申了放权的要求,要求各级人民法院院长、庭长必须严格执行《关于完善人民法院司法责任制的若干意见》和《关于进一步全面落实司法责任制的实施意见》的规定,在审判执行中做到"充分放权",充分尊重独任法官、合议庭法定审判组织地位。除审判委员会讨论决定的案件外，院长、副院长、庭长不再审核签发未直接参加审理案件的裁判文书，不得以口头指示等方式变相审批案件，不得违反规定要求法官汇报案件。

其次，要解决好“不敢监管”的问题。严格落实司法责任制，切实实现“充分放权”，并不意味着各级人民法院院长、庭长不再对独任法官或者合议庭、相关案件审判执行过程行使监管职权，而是强调院长、庭长必须更加重视对审判执行工作的“有效监管”，正确处理好充分放权与有效监管之间的关系。但在后司法责任制改革时期，普遍存在的又一突出问题是一些院长、庭长“不敢监管”。原因是，强调“让审理者裁判，由裁判者负责”，“法官应当对其履行审判职责的行为承担责任，在职责范围内对办案质量终身负责”，落实司法机关内部人员过问案件的记录和责任追究制度等，一方面让一些院长、庭长在行使审判监管职责时心存疑虑，因担心越过司法责任制的“边界”而造成监管“真空”，另一方面是一些院长、庭长在行使审判监管职责时心有余悸，因害怕触碰司法责任制“红线”而造成监管乏力。因此，“不敢监管”的根源是一些院长、庭长缺乏担当意识、责任意识，进而导致审判执行权从过去“管得过死”这一极端走向了现在“放任不管”的另一极端，难免损及司法为民、公正司法。而事实上，无论是《关于完善人民法院司法责任制的若干意见》和《关于进一步全面落实司法责任制的实施意见》，还是《司法机关内部人员过问案件的记录和责任追究规定》等规定，其实都不排斥院长、庭长根据职责权限对具体案件审判执行过程依法行使监管的职权，监管仍是院长、庭长的一项法定职责，只不过院长、庭长监管特别是对具体案件审判执行的监管应是师出有名的“有效监管”“正当监管”，监管必须按程序、留痕迹，监管应在规定的职责范围内并终身负责。当前，司法权配置与运行机制改革已进入系统性、整体性变革的新阶段，各级人民法院院长、庭长务必从牢固树立“四个意识”，坚定“四个自信”，始终做到“两个维护”的高度，认真贯彻落实党中央改革决策部署，对照全面深化司法改革推进和部署，严格按照《关于完善人民法院司法责任制的若干意见》和《关于进一步全面落实司法责任制的实施意见》等规定，切实解决不愿监管、不敢监管、不善监管等问题，确保司法责任制改革不断取得突破性进展。

最后，要解决好“不善监管”的问题。根据《关于完善人民法院司法责任制的若干意见》和《关于进一步全面落实司法责任制的实施意见》，司法责任制背景下院长、庭长的审判监督管理职责主要体现为对程序性事项的审核批准、对审判工作的综合指导、对裁判标准的督促统一、对审判质效的全程监管和排除案外因素干扰等方面。为此，《关于进一步全面落实司法责任制的实施意见》还针对《关于完善人民法院司法责任制的若干意见》规定的“四类案件”实践中存在的范围不明确、可操作性不强等问题，在发现机制、启动程序、监管方式等方面作出更为细化明确的规定。但是，一些院长、庭长在后司法责任制改革时期反而变得越来越不善管理，对如何正确行使审判监督管理职责无所适从、力不从心。而落实司法责任制，就是要求各级人民法院应遵循司法权运行的规律，进一步完善“四类案件”识别监管制度，细化“四类案件”的监管范围、发现机制、启动程序和监管方式。特别是院长、庭长对审判执行工作的监管应由注重实体性监管向程序性监管转变，由行政命令式监管向综合指导式监管转变，由直接的事前监管向间接的事后监管转变，由个案裁判公正监管向统一裁判标准监管转变。也即院长、庭长的审判管理和监督活动应严格控制在职责和权限范围内，坚持“有所为，有所不为”，既不当“甩手掌柜”“好好先生”，又不越俎代庖、大包大揽。从《关于进一步全面落实司法责任制的实施意见》所细化的院长、庭长审判监督管理权责清单上看，院长、庭长审判监督管理权力职责一般包括配置审判资源、部署综合工作、审批程序性事项、监管审判质效、监督“四类案件”、进行业务指导、作出综合评价、检查监督纪律作风8个方面，对于院长、庭长应当履行监督管理职责而不履行或怠于履行的，应当追究监督管理责任。此外，对于“四类案件”的监管，在具体操作中还可以从以下3个方面作进一步完善。

1. 细化“四类案件”的监管范围。根据《关于进一步全面落实司法责任制的实施意见》对“四类案件”进行具体细化，提高识别操作规范化水平。首先，明确群体性纠纷范围，综合考虑涉案群体、人数、区域等因素，将涉众型犯罪案件、涉及重大项目可能引发群体性诉讼等可能影响社会稳定的案件归入此类。其次，明确疑难复杂案件标准，根据法律关系复杂程度、涉案标的额、法律适用难度等进行细化。再次，明确类案冲突类型，针对可能与本院或上级法院生效判决发生冲突的案件，通过类案统一裁判标准，避免同案不同判。最后，结合实际对有关单位或者个人反映法官有违法审判行为的案件加强监管，确保司法公正。

2. 加强“四类案件”的识别与发现。建立维持稳定风险评估、干预司法、廉政作风“三合一”办案内部跟踪监督卡制度，从立案环节开始就进行甄别审查，认为属于“四类案件”的应当载明，并在审判管理信息系统中进行标识。承办法官在案件审理过程中发现属于“四类案件”的，应当及时向庭长和分管副院长报告。审判长认为案件属于“四类案件”的，应当提醒承办法官将案件主动纳入监督管理，并及时报告庭长和分管副院长。驻院纪检监察部门对举报违法审判线索初步识别，及时将“四类案件”信息移交院长、庭长决定是否启动监督程序，并报告院长或分管副院长。

3. 规范“四类案件”监督管理程序。院长、庭长可以查阅卷宗、旁听庭审、查看案件流程并要求合议庭在指定期限内报告案件进展情况和评议结果。对审理过程或者评议结果有不同意见的，可以要求合议庭复议并召开专业法官会议讨论，报请院长决定提交审判委员会进行讨论，但不得强令合议庭接受自己的意见或者直接改变合议庭意见。对于法官可能存在办案违法违纪情况的，院长、庭长可以根据需要决定变更合议庭组成人员。院长、庭长履行监督管理职责过程应当在审判管理信息系统留痕,载明履行监督管理职责的时间、内容、节点、处理结果等,相关材料装入案件卷宗归档。审判管理部门对定期检查"四类案件"监管中的失职情形予以及时通报,对于造成严重后果的,依照有关规定追究相关人员责任。

三是要明确审判责任的构成要件。根据《关于完善人民法院司法责任制的若干意见》的规定,法官在审判工作中,故意违反法律法规的,或者因重大过失导致裁判错误并造成严重后果的,依法应当承担违法审判责任。根据这一规定,法官承担司法责任必须要有审判活动中存在故意违反法律法规的行为或者是在审判活动中存在因重大过失导致裁判错误并造成严重后果的行为。对于故意的行为,自不必多言,"故意"在刑法和民法理论中均有详细而专业的解读,在此应是主要强调法官在审判活动中"明知违法而有意为之"。而对于因过失而导致的司法责任,应当明确其三个必要条件:重大过失、导致裁判错误、造成严重后果。

四是要建立司法责任的豁免制度。司法实行不告不理原则,法官判决所依据的事实是已经发生过的事实,无法要求法官在审判活动中所查明的事实必须客观真实。因此,法官所判断的事实,只能是法律事实,判断的过程实际上是一个选择的过程,需要通过逻辑推理,依据法律规定,结合经验法则等在不同事实间进行选择。因此,判决正确与否,并没有百分之百的客观评判标准,实际上判决也不可能简单地以正确或错误来予以区分。比如,法律规定可以对被告人判处 3～5 年有期徒刑,那么在 3～5 年之间的判决结果理论上都是正确的判决,但可能只有一个判决是最好的,因为该结果是在对被告人的犯罪动机、犯罪情节以及社会危害性等因素进行综合考量后作出的。因此,形成好的判决只能依赖于法官的高素质、审判权运行的顺畅制度等,而不能简单地依赖严格的错案责任,这也是

《最高人民法院关于完善人民法院司法责任制的若干意见》将错案的前提限定在“已经生效的判决经再审后改判”的范围之内的原因，也只有这样才能真正发挥两审终审的作用。

在《最高人民法院关于完善人民法院司法责任制的若干意见》中，也明确列举了8种不应当承担审判责任的情形，其中需要我们加以分析明确的是第一种和第二种情形。第一种情形是对法律、法规、规章、司法解释条文的理解和认识不一致，在专业认知范围内能够予以合理说明的。此处的“理解和认识不一致”，是谁与谁之间的理解与认识不一致？是上级法院的法官与下级法院的法官理解与认识不一致吗？笔者认为，不应如此理解。上级法院的法官与下级法院的法官之间的理解与认识不一致，应当仅作为上级法院对下级法院的判决作出改变的依据，而不能直接作为认定下级法院法官应承担责任的依据，否则所有的被改判的案件岂不是都要由下级法院的法官承担责任？此处的“不一致”，应当是法官与民众的理解与认识的偏差问题。而司法要获得民众的信赖，法官本人要获得民众的信赖。只要法官是经过严格的遴选程序产生的，判决是法官独立依据程序作出并全面对外公开的，并且从法律专业认知的范围内能够予以合理解释和说明的，法官就不用承担审判过错责任。第二种情形是对案件基本事实的判断存在争议或者疑问，但根据证据规则能够予以合理说明的。如前所述，法官判断所依据的事实只能是法律事实，因此不能排除个别案件存在事实真伪不明的情况。这种情况下，只要法官对事实的判断严格遵守了证据规则，即不能让法官承担错案责任，即使合议庭成员之间、上级法院与下级法院的法官对事实的认定存在不同，但只要法官的心证形成符合证据规则的要求，即应当适用司法责任的豁免制度。

五是要加强法官的职业保障。司法责任制的改革，与其同步推进的必然是加强法官的职业保障。严格的司法责任必然要以相对较好的职业保障为前提,否则再好的制度也难以持久运行。① 但职业保障的加强,并非我们长期以来一直呼吁的"案多人少",法官工作过于辛苦等原因。法官的工作固然辛苦,但这不能成为我们加强法官职业保障的理由,试想有哪个工作岗位可以不辛苦就获得较好的待遇?之所以要加强法官的职业保障,根本原因在于司法权的判断权属性,需要法官具有独立的判断意志,而这种独立的意志则取决于判断主体的物质生存条件。打个不恰当的比喻,法官月薪6000元,每月办理30件案件,平均办理每个案件所能获得的报酬是200元,而一名律师代理一个案件的最低收费为2000元,那么律师每月只需办理3个案件即可以达到法官的收入,法官的工作量是律师的10倍甚至更多,但获取的报酬差距却如此之大,如何保障法官的独立意志?此次出台的《关于完善人民法院司法责任制的若干意见》中,强调要加强法官基本的安全保障,构建良好的履职生态,体现法官必要的尊荣,并给予法官较高的薪酬待遇。中央全面深化改革领导小组第十六次会议也审议通过了《法官、检察官单独职务序列改革试点方案》《法官、检察官工资制度改革试点方案》,决定要突出法官的职业特点,对法官队伍给予特殊政策,实行全国统一的法官工资制度,建立有别于其他公务员的单独职务序列,目的即在于加强法官的职业保障。

三、人民陪审制度改革方法

法国思想家托克维尔认为,法律只要不以民情为基础,就总要处于不稳定的状态,民情是一个民族唯一的坚强耐久的力量。② 而

① 参见贺小荣:《如何牵住司法责任制这个牛鼻子》,载《人民法院报》2015年9月23日,第5版。

② [法]托克维尔:《论美国的民主》(上),董果良译,商务印书馆2013年版,第315页。

陪审制度正是表达民情的法律制度，正因如此，陪审制度才被政治家、法学家和社会学家所一致认可。我国的人民陪审制度作为民主政治的组成部分，是民众参与国家管理的一种重要形式，是为了最大限度实现社会公平正义而引进的一项审判制度。其初衷在于借鉴国外的陪审团制度和参审制度，通过人民陪审员参加法院的个案审理来实现司法民主，监督审判机关正确实施法律，促进司法公正。但任何一项制度都有其运行的成本，陪审制度作为一项外来制度，在我国的运行必须要有接受这一制度的文化基础、社会基础和制度前提。而我国在引进这一制度时并没有相应的本土文化背景，从现实情况来看，该项制度自从在中国实施后，几经废止与恢复，一直未受到应有的重视和肯定，①未能真正发挥其应有的社会功能和作用，尤其是广为诟病的陪而不审、审而不议等问题，亟待进一步改革完善。

（一）人民陪审制度现状

2018 年 4 月 27 日，第十三届全国人大常委会第二次会议审议通过《中华人民共和国人民陪审员法》。随后，由司法部牵头，会同最高人民法院、公安部，共同制定了《人民陪审员选任办法》，于 2018 年 8 月 22 日施行。截至 2019 年 4 月，全国共新选出人民陪审员近 12 万人，加上原来选任、尚未到期的人民陪审员共计 30 余万人。而在经费保障方面，各地做法不一，比如上海实行市财政统一解决，北京、吉林、江苏所需经费由同级财政解决并单独列支、单独管理、专款专用，青海、贵州等高级人民法院先后与省财政厅联合发文就人民陪审员经费保障问题作出规定，但也有部分地区未能与省级财政

---

① 该制度自 1930 年在借鉴苏联经验的基础上于《裁判部暂行组织或裁判条例》中出现后，又于 1949 年的《共同纲领》中作出规定，后在宪法中几经废止与恢复，于 2004 年 8 月在《全国人民代表大会常务委员会关于完善人民陪审员制度的决定》中予以确定。

部门达成一致，相关费用仍从法院办公经费中支出。在人民陪审员参审方式上，各地法院一直在不断探索参与审判工作的新形式。比如，有的法院专门就人民陪审员协助执行召开研讨会实行人民陪审员参加执行听证制度，有的法院邀请人民陪审员列席审判委员会并发表意见等。总体来看，我国的人民陪审制度在审判工作中发挥了很大作用，全国各地法院也一直在实践中不断摸索、完善。但从整体现状来看，无论是在制度规定上还是实践操作中，现行人民陪审制度也存在诸多问题：

一是人民陪审员的专业素养难以适应现行制度所赋予其的职权。我国的人民陪审员既要对案件的事实进行认定，又要对案件的法律适用提出意见。但无论是在之前的《全国人民代表大会常务委员会关于完善人民陪审员制度的决定》和《最高人民法院、司法部关于人民陪审员选任、培训、考核工作的实施意见》中，还是新出台的《人民陪审员法》中，均未对人民陪审员的专业素养及文化程度提出过高的要求。[①] 应该说，这样的规定有利于扩大司法民主，实现司法精英正义与平民正义的有机结合，使法院的审判结果能够与广大民众的普通民意期望更好地相吻合。但同时带来的问题是，由于人民陪审员大多并不具备专业的法律知识，让其全面参与审判，既负责认定事实，又负责法律适用，并享有与法官平等的表决权，显然忽视了法律问题的专业性，“法律是一门艺术，它需要长期的学习和实践才能掌握，在未达到这一水平之前，任何人都不能从事案件的审

---

① 《最高人民法院、司法部关于人民陪审员选任、培训、考核工作的实施意见》第2条规定：根据《全国人民代表大会常务委员会关于完善人民陪审员制度的决定》第4条第2款的规定，公民担任人民陪审员，一般应当具有大学专科以上文化程度。对于执行该规定确有困难的地方，以及年龄较大、群众威望较高的公民，担任人民陪审员的文化条件可以适当放宽。《人民陪审员法》则将学历降至“一般应当具有高中以上文化程度”。

判。”[①]因此，让人民陪审员参与对法律问题的裁判，显然是难以胜任的。

二是“陪而不审”现象仍然较为普遍。随着社会法制建设的迅速发展，各种专业化的立法大量出现，法律的复杂性使司法成为一般人无法涉足的领域。法条“种类繁多，案例浩如烟海，必须长期刻苦钻研始能窥其堂奥。所以，社会上只能有少数人具有足够的法律知识，可以成为合格的法官。”[②]而由于人民陪审员的专业素养难以适应现行制度所赋予其的职权，要求其像法官那样对案件提出专业、准确的法律适用意见实在是强人所难。因此，我国的人民陪审制度赋予人民陪审员与法官同样的权利，看似具有比英美国家陪审员更大的职权，实质上使人民陪审员在参与案件审理时难以确定自身恰当的角色定位。因此，要求人民陪审员针对法律适用上的问题作出判断，只能出现两种结果：第一种结果是凭借自己的社会经验对案件争议形成的认识和对当事人的感情认同作出不依法甚至否定法律的判决；第二种结果是由于本身法律知识的限制不能掌握法律精神的实质，基于作为普通民众对法官专业知识敬畏的心理，产生权威趋从心态，而在法律问题上听凭法官决定，使其陪审意见成为法官意见的翻版。在实践中，第二种结果占了绝对数量。据笔者了解，实践中“陪而不审”的流程一般是这样的：开庭前一天案件承办法官联系一名其比较熟悉的人民陪审员于次日庭审中进行“坐庭”，庭后法官拟好判决书后，再撰写一份（一般是交给书记员自行制作）合议庭笔录，待下次人民陪审员再来“坐庭”时由其在合议庭笔录上签字入卷。这种陪而不审、审而不议的情况，于基层可谓是

① ［美］罗斯科·庞德：《普通法的精神》，唐前宏等译，法律出版社2010年版，第42页。

② ［美］汉密尔顿、杰伊、麦迪逊：《联邦党人文集》，杨颖玥、张尧然译，中国青年出版社2014年版，第395页。

再平常不过的事情。

三是人民陪审员有职业化倾向。由于人民陪审员大多是兼职陪审,如陪审与自己的工作有冲突,往往会优先考虑自己的工作而不参加陪审。而在制度方面,又缺乏对人民陪审员不参与陪审等不当行为的管理监督的制裁措施。如J省F县共有人民陪审员近200人,但每年能够经常参与陪审的不足20人。很多情况下,法院通知人民陪审员参审案件,人民陪审员均以工作忙等理由进行推辞,而在未实行随机抽选人民陪审员的地方,法官往往会通知一些较为固定的、有时间参审的人民陪审员参与庭审。加之每陪审1件案件人民陪审员可收入50元,陪审案件较多的人民陪审员1年可收入20,000余元,导致一些人民陪审员成为专职陪审员。虽然《人民陪审员法》规定,每名人民陪审员每年的参审案件数量应规定一个上限,且一般不超过30件,但此项规定在实践中并未落实到位,各家法院大多仍沿用以往的陪审模式,挑选一些固定的、熟悉的人民陪审员参审。比如J省X市G区法院,每年受理各类案件约12,000件,按照比例选任了290名人民陪审员,但实际上参审的人民陪审员仍然是极个别的固定人员。J省高院开发了一套人民陪审员参审的软件,内嵌入审判系统当中,但各基层法院几乎没有付费安装使用。原因即在于,一旦安装此软件,人民陪审员的参审即要随机抽取,但实践中随机抽取的人民陪审员,很多不能按照规定的时间参加案件的审理,而且一名陪审员参审数达到30件以后,即不再将其列入参审人员范围之中。

(二)当代陪审制度的改革与发展趋势

我国的人民陪审制度是一项移植制度,欲对之进行改革,有必要梳理陪审制度的历史沿革及国际发展趋势。从世界范围来看,各国的陪审制度主要有两种模式,一种是英美法系以英国和美国为代表的陪审团模式,另一种是大陆法系以法国和德国为代表的参审模式。

英美法系的陪审团模式包括大陪审团和小陪审团。前者的职能是决定应否起诉,又称为起诉陪审团;后者的职能是在审判过程中协助法官认定案件事实,又称为审判陪审团(一般由 12 人组成)。[①]在英国(主要指英格兰),进入 19 世纪后,由于专门负责犯罪侦查和起诉的机构相继出现,所以大陪审团的职能逐渐缩减,最后只剩下了预审的功能。而在 20 世纪初,治安法官又逐渐接过了大陪审团的预审功能,1948 年大陪审团彻底退出英国司法制度的历史舞台,小陪审团参与审判的案件也越来越少,仅局限于严重刑事案件的审判。而在美国,由于大陪审团在历史上反对英国王室的斗争中发挥了重要作用,并被写入 1791 年的《美国宪法》作为“权利法案”,时至今日,大、小陪审团都时有所见,而且小陪审团不仅参与刑事案件的审判,还参与民事案件的审判。在英美法系国家中,我们可以看到陪审制度的两种发展趋势:英国的陪审制度在走向衰落,而美国的陪审制度仍表现出强劲的生命力。[②] 这主要是因为两国在社会文化传统方面的差异。英国陪审团是从贵族阶层中选任的,而美国陪审制度适用于全体公民,正如有学者所说的那样,美国的陪审团不仅是司法的工具和宪法之车的一轮,更是照耀着自由生命的灯塔。[③]但自 20 世纪 90 年代以来,以辛普森案为代表的一些有影响的刑事案件的审判结果也导致了人们对美国陪审制度的抨击。比如说陪审制度影响了司法效率,担任陪审员的义务是对公民个人生活的侵扰,陪审团裁决需全体一致同意不合理等。因此,美国现行的陪审制度也是需要改革和完善的。

大陆法系的陪审制度经过一系列演变之后,基本上都确立了参

---

① 参见丁英、张福坤:《英国陪审制度的兴盛及其功能》,载《人民法院报》2014 年 8 月 1 日,第 8 版。

② 参见何家弘:《中国的陪审制度向何处去:以世界陪审制度的历史发展为背景》,中国政法大学出版社 2006 年版,第 16 页。

③ 同上书,第 17 页。

审制模式。与英美法系国家的陪审团制度相比,参审模式具有程序比较简单和高效率的特点。但由于陪审员与法官共同负责庭审、共同评议并作出判决,也容易导致陪审员在庭审调查和评议判决过程中缺乏独立性,受法官的影响较大,在审判中容易成为法官的附庸。在改革的过程中,自20世纪90年代以来,大陆法系的陪审制度呈现出两个发展趋势:一是以法国为代表陪审制度改革。法国的陪审制度虽然是参审模式,但在很多方面学习了英美法系陪审团模式的优点。比如陪审员的随机挑选,人数的增加,使用陪审员参与审判的案件数量减少,目前仅在重罪法庭的审判中使用陪审制等。① 二是专家陪审员参审制度在德国、丹麦、瑞典等国家中兴起,如瑞典的上诉法院在审理刑事案件时可以组成由3名法官和2名专家组成的合议庭。

从陪审制度的国际发展趋势来看,自20世纪90年代以来,世界上许多国家开始在司法改革中尝试重新建立陪审制度。如俄罗斯于1991年开始引入英美法系国家的陪审团制度,陪审团由12人组成,并确定2名候补,实行一案一选、随机挑选,裁判按多数原则进行。西班牙于1995年也开始采用英国式的陪审团制度。日本加强司法民主化的改革基本形式就是建立"裁判员"式的陪审制度,随机抽选公民担任裁判员与法官组成合议庭,共同认定案件事实并定罪量刑。陪审制度在诸多国家的重新兴起,一方面否定了陪审制度在走向消亡的判断,对于我国存在的应当废除人民陪审制度的观点也是一种反驳;另一方面,也使我们深入思考陪审团制度在司法改革中所能发挥的作用,并进而探索人民陪审制度的改革方向。

纵观各国陪审制度的发展历史,我们可以看到,陪审团制度特别是英国模式的陪审团制度在19世纪的民主运动中得到迅速发展,

---

① 参见何家弘:《在犹疑中前行——中国陪审制度的改良》,载腾讯网,http://cul.qq.com/a/20150531/008544.htm。

但后来逐渐式微,甚至在部分国家被废除。总体来看,陪审团制度在许多国家仍保持了很强的生命力,尽管一般都局限在严重犯罪案件的审判之中,但不能否定民众代表以一定方式参与审判活动仍然是保障司法民主的重要途径。

(三)人民陪审制度的设计构想

党的十八届四中全会提出要完善人民陪审员制度,保障公民陪审权利,扩大参审范围,完善随机抽选方式,提高人民陪审制度的公信度。逐步实行人民陪审员不再审理法律适用问题,只参与审理事实认定问题。人民法院第四个"五年改革纲要"也提出实行人民陪审员倍增计划,确保基层群众所占比例不低于新增人民陪审员的2/3。这些改革方案的出台,说明顶层已经充分注意到我国人民陪审制度目前所存在的主要问题,并提出了相应的改革方案。在推进改革的进程中,根据《全国人民代表大会常务委员会关于授权在部分地区开展人民陪审员制度改革试点工作的决定》,最高人民法院确定了南京中院等50家法院为人民陪审制度改革的试点单位。有顶层设计,有地方试点,我国人民陪审制度的改革,进入一个崭新的阶段。对于改革的具体设计,结合世界陪审制度的发展趋势和我国的具体国情,笔者提出以下改革方法:

一是完善人民陪审员的选拔制度。对于人民陪审员的选任,以往大多是采取向社会公开招聘,结合单位推荐的方式进行。从实际情况看,单位推荐的比例较大,但这些人实际上并不一定愿意从事人民陪审工作,且基层群众所占比例较低,与改革的要求也不相符。《人民陪审员选任办法》采取了随机抽选和个人申请、组织推荐相结合的方式:人民陪审员主要通过随机抽选方式产生;因审判活动需要,可以通过个人申请和所在单位、户籍所在地或者经常居住地的基层群众性自治组织、人民团体推荐(以下简称组织推荐)方式产生;其中个人申请、组织推荐的比例不得超过所在基层人民法院人民陪审员名额数的1/5。其中,先是由基层人民法院根据审判案件的需要以及本辖区人口数量、地域面积、民族状况等因素，并结合上级人民法院随机抽取人民陪审员的需要，提出不低于本院法官数3倍的人民陪审员名额数的意见，提请同级人民代表大会常务委员会确定。然后，由司法行政机关会同基层人民法院、公安机关，从辖区内年满28周岁的常住居民名单中，随机抽选拟任命人民陪审员数5倍以上的人员作为人民陪审员候选人，建立人民陪审员候选人信息库。自《人民陪审员法》出台后，从2019年的选任情况来看，笔者建议，在今后的选任过程中，取消组织推荐的方式，仅保留随机选任和个人申请的方式，并征求候选人意见，并以适当方式听取候选人所在单位、户籍所在地或者经常居住地的基层组织的意见。随机抽选可以保证人民陪审员队伍中基层群众所占比例较大，避免组织推荐的人员不符合司法民主化的要求；征求候选人的意见，可以避免选任出来的人民陪审员不愿意从事人民陪审工作的现象；听取候选人所在地的基层组织的意见，可以避免一些品行不好的人员进入人民陪审员队伍。另外，结合人民法院职能定位的改革，事实问题将主要由一审法院认定，而一审案件绝大多数均在基层人民法院及中级人民法院受理，因此高级人民法院可以不再单独选拔人民陪审员，如有需要，可在其行政辖区内从基层法院或者中级法院人民陪审员名单中选任。

二是明确人民陪审员的任期与参审方式。一方面，从法律上对人民陪审员的任期进行概括性规定，任期可以与同级人大相同，每期5年，且任期不得超过两届，不仅可以保证人民陪审员队伍的稳定性，便于调动和保持参加陪审的积极性，也可以防止多届连选连任所导致的职业化倾向，以及由此可能出现的陪审队伍的腐败现象等。另一方面，人民陪审作为司法民主的一个重要体现，当事人选择接受陪审应当是其一项权利，同样拒绝接受陪审也应当是当事人的权利，因为不排除当事人希望接受更为专业的法官对其案件进行处理的情况。因此，立案庭在受理案件时即应告知当事人有权申请人民陪审员陪审,并将当事人是否申请陪审的材料一并移送审判庭,审判庭在送达起诉状副本时应告知对方当事人相关情况。如任何一方当事人不同意人民陪审员参审,则不应采取人民陪审员陪审的方式处理案件。再者,对于人民陪审员的参审,应当建立一套统一的参审程序,比如应当采取电脑随机抽取的方式,不能允许法官自行与人民陪审员联系参加案件审理,防止个别人民陪审员成为陪审专业户。

三是重构人民陪审员的审判职责。党的十八届四中全会提出,要逐步实行人民陪审员不再审理法律适用问题,只参与审理事实认定问题,但如何操作并没有明确规定。应当说,党的十八届四中全会作出的此项决定,与我国目前人民陪审员的整体职业素养是相符的,也意识到了目前人民陪审员陪而不审、审而不议的症结所在。《人民陪审员法》第 21 ~ 22 条规定,陪审员参加 3 人合议庭审判案件,对事实认定、法律适用,独立发表意见,行使表决权。陪审员参加 7 人合议庭审判案件,对事实认定,独立发表意见,并与法官共同表决;对法律适用,可以发表意见,但不参加表决。与 3 人合议庭相比,7 人合议庭主要适用于一些社会影响重大的案件。而此类案件在法律适用方面可能也是偏于复杂的。陪审员在法律专业方面要求较低,显然不能适应此类案件的法律审。3 人合议庭的审判过程中,陪审员有权进行法律审。立法者认为,其一,此类案件的法律适用相对简单;其二,前述陪审员选任的低要求并不意味着陪审员的“完全法盲化”。《人民陪审员法》第 25 条便规定了陪审员的培训机制。另外,第 20 条又规定了个案审判中审判长向陪审员所负的“指引、提示义务”(但不得妨碍陪审员对案件的独立判断),以及在事实认定、证据规则、法律规定等事项方面的“必要的解释和说明”义务。但笔者认为,陪审员即使是参加 3 人合议庭,也不应对法律适用发表意见。实践证明,人民法院审理的案件,绝大多数普通程序的案件,均是适用 3 人合议庭。比如,J 省 X 市 G 区,2019 年仅 1 起重大案件适用了7人大合议庭，其余3000余件普通程序案件，均是适用的3人合议庭制。因此，人民陪审员在法庭审理、合议等阶段，应当是与法官一起审查判断证据、查明案件事实，不负责为案件裁判而发现、选择、解释法律规范，以及为适用法律的正当性、合理性而进行论证和利益衡量。对此，人民陪审员在开庭前应当做好充分准备，以便庭审中有针对性、分步骤地进行询问。在这种模式下，人民陪审员从社会常识、公序良俗、公众理性出发，询问的问题更多的是社会公众关心的一些细节案情，而这些细节则可能是关系到案件事实定性的关键因素，刑事案件中还可能涉及被告人的量刑情节等。对于具体的操作，根据三大诉讼法与《人民陪审员法》的规定，陪审员只能适用于一审案件之审理，不能适用于二审合议庭。关于我国案件一审程序中的合议庭人数，三大诉讼法皆有明确规定。《民事诉讼法》与《行政诉讼法》都是将一审合议庭人数简单规定为3人以上（无上限）的单数；而《刑事诉讼法》的规定则较为全面，基层人民法院与中级人民法院的一审合议庭是3人，高级人民法院和最高人民法院的一审合议庭是3～7人。在三大诉讼活动中，显然处理犯罪案件的刑事诉讼应当更为严格，从理念上讲，刑事诉讼一审合议庭的7人上限同时也应是民事诉讼与行政诉讼一审合议庭的上限。另外从实践层面来讲，9人及以上合议庭会加剧我国法院"案多人少"的审判负担，效率低成本高，故7人可能也是民事诉讼与行政诉讼一审合议庭的实际上限。《人民陪审员法》第14条明确规定了能够适用陪审员的3人与7人合议庭。3人合议庭的组成方式可以是"1+2模式"（2名陪审员），也可以是"2+1模式"（1名陪审员）。而针对7人合议庭，则明确限定为"3+4模式"（4名陪审员）。这又是为何？其一，立法者主要考虑到在7人合议庭当中，若陪审员数量占劣势的话会导致陪审员的表决意义被大幅削弱，造成陪审员制度的形式主义，故陪审员数量必须过半。其二，在7人合议庭当中，陪审员不会实质参与法律审（前已述及），法律适用问题由专业法官单独进行表决,而表决时又要保障人数为单数的"小合议庭",故专业法官至少应为3人。如此前后评判,立法将陪审员参与的7人合议庭直接限定为"3+4模式"(4名陪审员)了。那么,还有一个不容回避的问题:陪审员为何不能参加5人合议庭呢?根据上述逻辑,5人合议庭作为大合议庭,在一审中也是适用于相对复杂的案件,此类案件中陪审员同样不宜参加法律审,而只能由专业法官单独表决法律适用问题,法官人数至少保证3人。此时,陪审员数量仅剩两席了。陪审员数量不及半数,便难以发挥有效的实质参审的应有作用。因此,陪审员的适用被排除在5人合议庭之外。当然,随着社会的不断发展,人民陪审员职业素养的不断提高,在条件成熟的情况下,也可以将案件的事实认定权完全交由人民陪审员。但需要明确的是,人民陪审员应当仅仅是不负责案件事实查明后的纯粹的法律适用过程,对于案件事实认定过程中的证据规则等法律适用问题,仍然需要在法官的指导下予以涉及与运用。因为,在案件事实认定过程中,必须适用包括证据规则在内的法律规定,其中的事实问题与法律问题的区分是十分困难的,不能教条地理解法律适用问题,否则将使人民陪审员与法官在权力行使上发生冲突。①

四是构建专家陪审制度。专家陪审不仅仅是司法民主的一种体现,更重要的是实践专家参与法庭审判的一种理念。我国现行法律中虽然没有专家陪审的相关规定,但专家陪审在实践中已成为现实。早在1991年,最高人民法院就在《关于聘请技术专家担任陪审员审理专利案件的复函》中提出可以根据案件所涉及的技术领域,聘请有关技术专家担任陪审员。从近几年的实践来看,专家陪审也已经不再限于专利技术案件,逐步扩展到知识产权、医疗纠纷等其

---

① 参见何家弘:《中国的陪审制度向何处去:以世界陪审制度的历史发展为背景》,中国政法大学出版社2006年版,第281页。

他领域。比如,广州市中级人民法院于2015年在涉外审判中启用专家陪审和咨询制度,①福建省长汀县人民法院选任专家陪审员参审生态环境案件,②佛山市中级人民法院聘请22名专家担任陪审员参与知识产权案件审判等。③ 而专家陪审制度的构建,首先应界定专家陪审员的参审范围。专家陪审员参审的直接目的在于解决专门性案件中事实认定难的问题,而我国于实践中对于专门性问题一般是通过鉴定制度予以解决,因此专家陪审必须与鉴定制度相协调和区分。相较而言,鉴定制度一般多适用于案件中有限的专门性问题,如果全案事实都涉及法官不甚了解的专业知识,即不能再依靠鉴定制度,因此专家陪审多适用于从整体而言均具有专业性的案件。其次,从专家陪审员的选任来看,应采用选贤任能的方式选拔,可以设立专门的专家陪审员遴选委员会,以辖区所在地中级人民法院院长为遴选委员会主任,与同级人大常委会主任(或内司委主任)、同级人民检察院检察长、同级司法行政机关负责人(或律师协会会长)以及具有相关领域专门知识的8名专家代表共12人组成,对相关人员进行审查、遴选、编册,最终提请人大任命。当然,专家陪审员与普通人民陪审员一样,也应有5年任期与连任不超过两届的限制。至于在具体审理案件时,一旦决定实行专家陪审,应当依据案件类别组织各方当事人以抽签的方式从相应的专家陪审员名册中随机抽取,被选中的专家陪审员除非有法定回避情形等,不得

---

① 详见《人民法院报》2015年1月8日第4版,《广州中院涉外审判启用专家陪审和咨询制度》,载 http://rmfyb. chinacourt. org/paper/html/2015 - 01/08/content_92504. htm,最后访问日期:2015年7月31日。

② 详见《人民法院报》2013年10月26日第7版,《长汀:专家型陪审员参审生态案》,载 http://rmfyb. chinacourt. org/paper/html/2013 - 10/26/content_72057. htm,最后访问日期:2015年7月31日。

③ 详见《人民法院报》2014年4月13日第4版,《佛山22名专家担任陪审员参与知产审判》,载 http://rmfyb. chinacourt. org/paper/html/2014 - 04/13/content_80741. htm,最后访问日期:2015年7月31日。

拒绝参审，否则要予以适当的惩处。当然，由于专家陪审员毕竟不同于法官和一般人民陪审员，因此其参审案件应获得一定的经济回报，包括必要的误工损失补偿和合理的报酬等。

第五章　人民法院审执分离改革路径与方法

我国的执行包括刑事执行、民事执行和行政执行。其中刑事执行经历了从法院单独执行，到与公安机关共同执行，再到与公安机关和司法行政机关共同执行的过程，整个过程可以说是一个法院逐步放权的过程。随着党的十八届四中全会的召开，在通过的《中共中央关于全面推进依法治国若干重大问题的决定》中，明确提出“统一刑罚执行体制”的要求。因此，刑事执行权今后势必将统一配置给司法行政机关。对于行政执行，在《行政诉讼法》出台以前是按照《民事诉讼法》的程序执行，在《行政诉讼法》颁布之后，行政裁判的执行主体主要是法院和有强制执行权的行政机关。实际上，对行政机关不履行行政诉讼裁判的执行，可由法院或今后专门行使民事执行权的机构负责；对行政相对人不履行行政诉讼裁判的执行，以及行政决定的执行，可以借鉴目前国有土地上房屋征收执行的模式,采取"裁执分离"的模式,由法院先行审查并作出准予执行的裁定,再由行政机关负责实施。而民事执行一直以来均是由人民法院负责执行,其更是经历了多次改革,本书的论述重点亦在于此。本轮改革中,《中共中央关于全面推进依法治国若干重大问题的决定》提出要"完善司法体制,推动实行审判权和执行权相分离的体制改革试点"。但未说明改革的具体路径,再次引发了理论界、实务界就执行权归属问题的激烈争议。而各家之观点,仍多以强制执行权之性质为分析基础,鲜有结合顶层设计的具体内容开展针对性研究。改革之目的在于解决当前体制中存在的问题,问题则隐藏于顶层设计之中。审执分离改革的推进,①自然应从顶层设计的改革目的出发,厘清当前改革的基本任务,探索出一条可以解决问题的根本路径,以期实现改革之目的。

第一节　强制执行与审判的共通性和差异性机理

我国诉讼理论和执行实践,一般用"审执合一"或"审执分离"来表达对于强制执行与审判关系的两种不同立场。② 审执分离,首先是应否设置专门执行机构的问题,其次是执行机构从事的工作具有什么样的内容和性质。③ 对于审执关系的考察,也就必须厘清以下问题:强制执行权的性质是什么;强制执行与审判的共通性和差异

① 我国的强制执行体制包括刑事强制执行、民事强制执行和行政强制执行,刑事强制执行和行政强制执行虽有其自身特点,但大多情况下可参照民事强制执行的规定。本书所论述的审执分离,仅指民事审执分离。为论述方便,如无特别说明,本书所指强制执行,仅指民事强制执行。

② 参见肖建国:《审执关系的基本原理研究》,载《现代法学》2004年第5期。

③ 参见王亚新:《社会变革中的民事诉讼》,中国法制出版社2001年版,第154页。

性机理是什么;决定审执分离的因素若何。

一、强制执行权的基本性质

执行和执行权的概念并非从来就有,其概念的出现与政府权力的分立历程一致。自14世纪至17世纪末,政府职能一直坚持立法与执行两分说。[①] 至孟德斯鸠将裁决权作为与政府其他两种职能并列的权力,才在西方思想史上确立了立法权、执行权和司法权分立的思想。[②] 自孟德斯鸠之后,学理上的执行权逐步演变为行政权,专指为实现某个私人目的或公共目的而在具体情形中对权力的行使,[③]执行权的概念便从政治学和法学理论中淡出。显然,当时政治学史上的执行权,与当代社会中实现生效法律文书确认权利这一意义上的执行权,二者在内涵及外延上均有质的不同;也正因如此,才使权力分立学说留下一个巨大的真空地带:实现生效文书确认权利意义上的执行权,在国家权力构造中处于什么位置?权力的性质决定权力载体的组织构造和运作方式,[④]审执分离体制的模型塑造,必须厘清强制执行权的性质。

在传统国家权力分工格局中,强制执行权的性质争议主要在司法权与行政权之间。司法权说认为,执行与审判同属诉讼程序中的子程序,虽然执行权可以分为执行实施权与执行裁决权,但二者均

---

① [英]M. J. C. 维尔:《宪政与分权》,苏力译,生活·读书·新知三联书店1997年版,第26页。

② 参见江必新主编:《强制执行法理论与实务》,中国法制出版社2014年版,第37页。

③ [美]博登海默:《法理学:法律哲学与法律方法》,邓正来译,中国政法大学出版社2004年版,第378页。

④ 参见杨知文:《中国民事执行体制改革的模式选择》,载《西南政法大学学报》2012年第5期。

为司法权的权力表现方式。[①] 行政权说认为，强制执行具有确定、主动、命令、强制等特征，法院判决、裁定的执行属于行政工作，本质上是一种行政权。[②]

也有观点认为，强制执行权是一种复合性权力，认为强制执行权具有司法权和行政权的双重属性。[③] 笔者赞同这一观点。司法权说认为执行程序为诉讼程序的子程序，忽视了执行程序的独立价值和自身特点；行政权说忽视了执行中客观存在的执行救济、执行裁决等司法行为，且行政权的确定、主动、命令、强制等特征，与强制执行权的上述特征亦有区别。比如主动性，行政权的主动性是法律赋予行政机关权力，行政人员主动实施法律，并不需要有人申请，权力的主动是其职责义务所在；而强制执行权的行使，以申请执行人的申请为启动条件，强制执行行为的"主动"，实际上是"被动"受到申请后的"主动"。

从国家权力分工属性看，审判权承担未决实体法律关系和诉讼程序事项争议的裁判职能，执行权强调以国家公权力保障实现生效法律文书确认权利的职能。[④] 强制执行的本质是通过国家行为，使生效法律文书确定的应然权利向实然权利转化。对执行权性质的研究，也应当考察执行过程中的所有国家行为，进行梳理、归纳、总

---

① 参见江伟、赵秀举：《论执行行为的性质与执行机构的设置》，载《人大法律评论》2000 年第 1 期；[日]中村英郎：《新民事诉讼法讲义》，陈刚、林剑锋、郭美松译，法律出版社 2001 年版，第 29 页。

② 参见张志铭：《民事执行权的制度安排》，载《人民法院报》2002 年 5 月 17 日，第 3 版；谭世贵主编：《中国司法改革研究》，法律出版社 2000 年版，第 294 页。早期日本曾流行过行政权说的观点，遭到日本著名学者竹下守夫的严厉批评，他认为："民事执行无论在何种情况下，都具有将债权人对债务人拥有的私权按照法律程序来实现的机能，而不单具有追求国家目的的行政机能。"参见[日]竹下守夫：《日本民事执行法理论与实务研究》，刘荣军、张卫平译，重庆大学出版社 1994 年版，第 30 页。

③ 参见高执办：《论执行局设置的理论基础》，载《人民司法》2001 年第 2 期。

④ 参见乔宇：《论申请执行时效的适用程序——兼谈权力分工语境下的审执分立》，载《法律适用》2013 年第 4 期。

结行为的方式、规律和特点以及相互之间的关系，从而确定国家行为的内涵——国家权力的性质。① 以权力的行使是否以解决争议为标准划分，执行权包括执行实施权和执行裁决权。② 因此，二者既具有共通性，也具有差异性，共同构成了完整的执行权；其中，二者的差异性正是我们开展审执分离改革的基本依据。

二、强制执行与审判的共通性机理

传统诉讼理论基于近代权利保护理念认为，程序是从实体中分离出来的一部分，目的在于调整向法院主张和进行辩护的权利的方式。③ 而诉讼法学者则采用“自我膨胀法”，赋予审判和执行以更加丰富的、超越权利保护的单极化意见，实现了诉讼法与实体法的分离，观察诉讼的角度也出现了内在视角与外在视角并存的局面。通过内外两种视角的审视，可以看出审执之间的共通性机理主要有以下几点：

一是不告不理，审判与执行程序均需先由当事人申请方可启动。二是执行请求权与裁判请求权具有性质上的共通性，二者均经历了由私法上的权利向公法上的权利的演变，④指向的是代表国家的法院，而非对方当事人，不同于当事人之间发生的实体请求。⑤ 三

---

① 参见岳彩领：《论执行救济制度之完善》，载《人民司法》2006 年第 4 期。

② 参见张峰：《论民事执行权配置与执行的优化》，载《华东政法大学学报》2012 年第 5 期。

③ [法]雅克·盖斯旦、吉勒·古博：《法国民法总论》，陈鹏等译，法律出版社 2004 年版，第 70 页。

④ 18～19 世纪上半期，以法国民诉法典为代表，所有的欧洲国家均将民事诉讼看作当事人的私事；当时，司法权要么不存在，要么充其量不重要。See Mauro Cappelletti and Bryaut G. Garth, *International Encyclopedia of Comparative Law*, *Civil Procedure*, Introduction, p. 23, 1986 by Martinus Nijhoff Publishers.

⑤ 参见肖建国：《民事强制执行与检察监督》，载《国家检察官学院学报》2013 年第 1 期。

是保护实体权利上的共通性，二者的保护对象具有同一性，均是为实现实体法上的权利而设置，且当事人均有实体处分权，均适用消灭时效制度。

三、强制执行与审判的差异性机理

推行审执分离，并不意味着将执行推到审判的对立面。在强制执行法律关系中，用于调整申请执行人与法院、申请执行人与被执行人之间的法律规则，与审判关系中调整原告与法院、原告与被告之间关系的准则，具有高度一致性，审执关系的共通性机理即建立在这两层关系之上。但执行法律关系中法院与被执行人之间的关系，却与审判关系中法院与被告之间的关系大有不同，所谓审执分离的原理即与这一层关系的法律规制有关。① 以执行机构与被执行人之间的关系为切入点，可以看出审判与执行之间的差异性机理，或者说审执分离改革是由以下因素决定的：

一是强制执行的单向性与审判的多向性。缺乏强制力的法，就像一把不燃烧的火，一缕不发亮的光。② 强制执行以满足债权清偿为目的，体现的是执行机构的强力和意志，虽然这种法律的牙齿不一定随时暴露在外；③审判则始终存在原告、被告之间的交涉，裁判是法官在各方当事人参与下，通过提出证据、进行理性的说服和辩论的基础上作出的。二是强制执行的不平等性与审判的平等性。强制执行以保护债权人债权为己任，实行债权人与债务人不平等原

---

① 参见肖建国：《单行法模式：我国强制执行立法的选择》，载《公民与法》2013 年第 3 期。

② 鲁道夫·冯·耶林语。See Rudolf Von Jhering, *Law as a Means to an End*, trans. I. Husik, New York, 1924.

③ ［美］E. A. 霍贝尔：《初民社会的法律》，周勇译，中国社会科学出版社 1993 年版，第 27～28 页。

则,奉行职权主义;[①]审判活动中法官必须保持中立,对原告、被告当事人一视同仁,奉行当事人主义,因为司法权自身不是主动的,要使其行动,必须推动它。[②] 三是强制执行的形式化与审判活动的实体化。执行形式化理论认为,只要债权人依生效法律文书提出申请,执行人员就视为申请人有实体权;审判须对权利主张、争议加以断定,方可确认实体权利。四是强制执行的效率取向与审判的公正取向。强制执行以快速、及时、低廉、不间断地实现生效法律文书所确认的债权为己任,在价值取向上注重效率;审判则以公平解决双方的纷争为基点,在价值取向上以追求公正为其使命。[③] 正如卡多佐所言,法律作为社会控制工具之一种,最重要为司法功能之发挥,而其关键在于审判权之公正行使。[④]

第二节　我国强制执行权的分权改革历程与现状

总体而言,改革开放以来人民法院内部的审执分离改革,以解决"执行难"问题为导向,在新中国法律体系沿革的基础上,不断总结实践的经验教训并逐步深入推进,在发展方向上越来越符合执行

---

① 近代以来在民诉法典之外制定强制执行单行法的国家是奥地利,其一开始即放弃了法国、德国的自由主义民事诉讼理念,在强制执行法中突出法院的职权主义色彩。参见[德]米夏埃尔·施蒂尔纳编:《德国民事诉讼法学文萃》,赵秀举译,中国政法大学出版社 2005 年版,第 93 页;齐树洁主编:《民事司法改革研究》(修订版),厦门大学出版社 2004 年版,第 392 页。

② [法]托克维尔:《论美国的民主》(上卷),周明圣译,中华书局有限公司 2014 年版,第 116 页。

③ 参见贺季敏:《论〈强制执行法〉的单独制定》,载《北京社会科学》2013 年第 1 期。

④ See Cairns H., *The Theory of Legal Science*, *in the American Jurisprudence Reader*, Cowan, T. A. p. 148.

权的运行规律，对执行权有别于审判权的法律属性的认识也越来越清晰，形成了有别于审判工作的执行工作理念和指导原则，执行工作的制度化、规范化、信息化、公开化建设取得了长足进步，并初步形成了一支专业化、正规化的执行工作队伍。比如，在制度建设上，最高人民法院出台了一系列规范性文件，如《关于执行权合理配置和科学运行的若干意见》《关于执行案件立案、结案若干问题的意见》《关于公布失信被执行人名单信息的若干规定》《刑事裁判涉财产部分执行的若干规定》等，并且有很多规定上升为法律条文。如《民事诉讼法》第255条规定“被执行人不履行法律文书确定的义务的，人民法院可以对其采取或者通知有关单位协助采取限制出境，在征信系统记录、通过媒体公布不履行义务信息以及法律规定的其他措施”等，这些都形成了执行工作较为完备的法律保障。在工作方法上，多年来全国各级法院根据执行工作实际，不断创新执行方式，通过委托执行、提级执行、交叉执行、集中执行等方式，合理配置了有限的执行资源，有效减少了地方保护主义和部门保护主义。如徐州市两级法院2015年共开展集中执行活动2429次，累计出动警力22,459人次，现场拘传被执行人6689人，现场拘留2331人，现场执行和解2230件，现场执行完毕2420件，现场执行到位5.5亿元，大大提高了执行效率，及时维护了胜诉当事人的合法权益。近五年来，全国各级法院还大力加强了执行工作的信息化建设，建立起了覆盖全国的案件流程管理系统、案件流程公开系统、失信被执行人信用惩戒和远程指挥系统等，推动了执行模式的深刻变革。在执行成效上，自1983年至2014年，全国法院共执结各类案件5071万余件，年均递增约12%。① 自2013年失信被执行人名单建立以来，截

① 数据来源于最高人民法院网站刊登的年度工作报告及《六十载光辉历程一甲子司法为民——数说人民法院审判工作60年》中的相关数据，载http://www.court.gov.cn/fabu-gengduo-21.html，最后访问日期：2015年7月31日。

至2015年7月,最高人民法院已经公布失信被执行人165万余人,民航和铁路成功拦截228万余人次,全国已有25个地区开通了全国网络查控系统,查询案件159,546件,有开户信息139,318件,共查询到1,202,621个账号,查询金额达10,525,631万元。同时,全国各级法院还开展了一系列专项执行活动,在涉民生案件专项集中执行活动中,执结涉民生案件21.9万件,执行金额87.8亿元。在转变执行作风、规范执行行为专项活动中,针对法院内部存在的执行失范行为和消极执行、拖延执行等问题进行规范,着重清理了1年以上的未结案件。可以说,人民法院的执行工作制度越来越完善,工作方法越来越健全,执行成效越来越明显,正朝着良好的态势发展。但面对经济社会的不断发展和人民群众日益增长的司法需求,执行工作在机制建设上,审判权与执行权的分离仍需进一步深化,人民法院内部审执分离改革中存在的一些问题也需要正视。

一、从五个"五年改革纲要"看强制执行权的分权历程与现状

第一个"五年改革纲要"提出落实中发〔1999〕11号文件转发的《中共最高人民法院党组关于解决人民法院"执行难"问题的报告》的精神,改革人民法院的执行机构和执行工作体制。随后2000年《最高人民法院关于高级人民法院统一管理执行工作若干问题的规定》颁布,标志着我国确立了上下级法院之间执行工作的统一部署、统一协调、统一调度的统管机制。

第二个"五年改革纲要"提出深化执行权运行机制改革,对执行过程中需要通过审理程序解决的实体争议事项,由执行机构以外的审判组织审理,必要时可以设立专门的审判机构。2007年《民事诉讼法》的修订,对执行异议制度进行了全面修订,用两个条文分别针

对执行行为、执行标的提出的异议如何处理进行了规定，[①]建立了一种具有复合性的新类型诉讼——执行异议之诉制度，[②]由此拉开了在执行局内部实行执行实施权与执行审查权的分离改革序幕。

第三个“五年改革纲要”提出建立执行裁决权和执行实施权分权制约的执行体制，并明确当事人提起的执行异议之诉由作出生效裁判的原审判庭审理。在此期间，最高人民法院还先后于2009年和2011年出台了《关于进一步加强和规范执行工作的若干意见》《关于执行权合理配置和科学运行的若干意见》，区分了执行实施权和执行审查权的概念和内容。《最高人民法院关于适用〈中华人民共和国民事诉讼法〉的解释》又专门规定“人民法院审理执行异议之诉案件，适用普通程序”，对我们进一步推进审执分离改革奠定了理论基础。

第四个“五年改革纲要”明确提出推动实行审判权和执行权相分离的体制试点。以2000年《最高人民法院关于高级人民法院统一管理执行工作若干问题的规定》的颁布为分水岭，我国强制执行权的分权改革至今已过十余年。全国各地法院在改革进程中做了大量有益探索，寻求执行权的合理配置之道，出现了上下级法院两级分权的“绍兴模式”，在执行局外由审监庭负责执行裁决的“重庆模式”，将执行裁决权保留在执行局内部的“莆田模式”等。[③] 总的来看，我国的强制执行权分权改革取得了以下成果：一是剥离了执行程序中的实体审判事项，廓清了审判权与执行权的边界。二是在

① 分别为2007年修订的《民事诉讼法》第202条和第204条。

② 参见沈德咏主编：《最高人民法院民事诉讼法司法解释理解与适用》（下），人民法院出版社2015年版，第814页。关于执行异议之诉的性质，学者也多有论述，具体可参见张卫平：《案外人执行异议之诉》，载《法学研究》2009年第1期；张先科、杨巍：《案外人异议之诉的程序构建》，载《人民司法》2009年第13期。

③ 参见肖建国：《“大执行”格局下执行财产查控机制的新进展》，载《人民法院报》2013年9月12日，第5版。

执行局内部剥离了执行实施程序中的裁决事项，廓清了执行裁决权与执行实施权的边界。[①] 三是建立了分段集约执行机制，打破了一个人负责到底的传统执行模式。程序是正义的蒙眼布，[②]执行程序分段制约让执行人员“戴着脚镣跳舞”，有利于制止司法实践中的恣意妄为。[③] 比如北京市第二中级人民法院建立了分段统筹执行的流程管理模式，宁波市中级人民法院把执行调查从执行实施中分离出来专门成立财产调查组，[④]均取得明显成效。

第五个“五年改革纲要”要求深入推进审执分离改革，优化执行权配置。推行以法官为核心的执行团队办案模式，完善执行警务保障机制，细化执行程序中各类人员职责权限。强化统一管理、统一指挥、统一协调的执行工作机制。完善执行指挥中心运行机制。推进执行案件和执行事务的繁简分流、分权实施，打破“一人包案到底”的办案模式，切实提升执行工作的集约化、精细化、规范化水平。完善立案、审判与执行工作的协调运行机制。加大诉讼保全适用力度，完善保全和执行协调配合机制，鼓励财产保全保险担保，完善保全申请与执行网络查控有序衔接工作机制，以保全促调解、促和解、促执行。从上述规定可以看出，人民法院的执行改革，关于审执分离的要求一直没有变化，且呈逐步深入状态。

二、当前强制执行机制存在的问题

总体而言，十余年来我国强制执行权的分权改革，以解决“执行

① 参见肖建国：《执行标的实体权属的判断标准——以案外人异议的审查为中心的研究》，载《政法论坛》2010 年第 3 期。

② 参见冯象：《政法笔记》，北京大学出版社 2012 年版，第 120 页。

③ 参见程亮、杨军：《在冲突与调适之间：执行权运行之实证研究——以民事执行政策变迁为视角》，载《法律适用》2013 年第 9 期。

④ 参见肖建国：《执行分权的“重庆模式”及其制度效应》，载《人民法院报》2011 年 1 月 27 日，第 5 版。

难"问题为根本,改革进程中不断总结实践的经验教训,逐步深入推进,执行工作强制性、规范化、信息化、公开化的"一性三化"建设取得长足进步。但不可否认,人民法院内部审执分离改革中存在的一些问题也需要正视。

一是执行人员大量由法官充任。法官作为审判人员,从事强制执行工作本身并不合适,且执行法官在年龄、学历、综合素质等方面较审判法官也有不足,与执行规范化改革的精神不符。[①] 二是思维模式转变困难。执行人员大多具有审判工作经历,对执行权运行本身有别于审判权的认识存在一定不足,造成司法权本身的谦抑性、被动性和执行权本身的扩张性、主动性常发生冲突。[②] 三是工作能效偏低。近几年由于经济下行、经济生活中违约现象大幅增加等原因,经济发展状况传导到执行工作中的现象开始逐步显现。全国法院2015年共受理案件19,593,750件,其中执行实施案件数为4,908,084件,占比25.05%;2016年共受理案件23,273,276件,其中执行实施案件数为6,598,624件,占比28.35%;2017年共受理案件25,936,097件,其中执行实施案件数为7,877,399件,占比30.37%;2018年共受理案件28,171,953件,其中执行实施案件数为8,896,165件,占比31.58%;2019年共受理案件31,594,985件,其中执行实施案件数为10,392,064件,占比32.89%。执行实施案件收案数5年增长2.1倍。其中,江苏省2015年共受理案件1,664,341件,其中执行实施案件数为484,590件,占比29.12%;2016年共受理案件1,876,999件,其中执行实施案件数为584,615件,占比31.15%;2017年共受理案件2,045,355件,其中执行实施

① 实践中,由于执行条线在法院体系内较为边缘且人员上升空间有限,造成执行法官与审判法官相比总体上年龄偏大、学历偏低、综合素质偏低。

② 参见褚红军、刁海峰、朱嵘:《推动实行审判权与执行权相分离体制改革试点的思考》,载《法律适用》2015年第6期。

案件数为710,330件,占比34.73%;2018年共受理案件2,163,655件,其中执行实施案件数为784,730件,占比36.27%;2019年共受理案件2,251,853件,其中执行实施案件数为803,623件,占比35.69%。执行实施案件收案数5年增长1.66倍。而据江苏省高级人民法院执行局调研,当前1名基层执行人员每年的饱和工作量为143.36件,而在2013年全省基层执行人员人均结案数已达到231.75件,2014年已普遍达到200件,最多的已超过600件,2015年至2019年,随着执行案件的大量增加,基层执行人员已经普遍长年处于"超饱和"工作状态,①导致工作能效偏低。

第三节 强制执行审执分离模式的对比与选择

一、顶层设计的改革目的与任务

决定全文分为七个部分,审执分离改革位于第四部分"保证公正司法,提高司法公信力"中的第二点"优化司法职权配置";结合该部分第五点"加强人权司法保障"中"切实解决执行难"的表述,可看出审执分离改革之目的,在于通过审执分离进一步完善司法体制,进而解决执行难,最终提高司法公信力,②也即根本目的在于"切实解决执行难"。

将审执分离改革列入"优化司法职权配置"之中,改革无疑应当从优化"审、执"权力配置入手。决定对审执分离改革的表述是"完

---

① 参见江苏省高级人民法院《案件饱和度调研情况通报》2014年第32期,未刊稿。

② 《中共中央关于全面推进依法治国若干重大问题的决定》:"……四、保证公正司法,提高司法公信力……(二)优化司法职权配置……完善司法体制,推动实行审判权和执行权相分离的体制改革试点……(五)加强人权司法保障……切实解决执行难,制定强制执行法,规范查封、扣押、冻结、处理涉案财物的司法程序。加快建立失信被执行人信用监督、威慑和惩戒法律制度。依法保障胜诉当事人及时实现权益……"

善司法体制，推动实行审判权和执行权相分离的体制改革试点”。从字面意义理解，可以认为审执如何分离尚未有定论。审执分离对于“审、执”权力配置，并未明确如何配置，而是通过“试点”来检验不同模式的效果，此为审执分离改革之任务。

二、当前强制执行机制下执行难成因分析

任何改革都是为了解决问题的。明确了审执分离改革的目的和任务，选择改革的实践路径时，就必须对执行难问题的成因进行剖析，并以此为基础，对我国现行强制执行制度能否或如何“切实解决执行难”进行全方位评估。

从人民法院执行工作来看，执行难主要表现在：一是查人找物难。相当数量的被执行人想方设法以转移隐匿财产、隐藏行踪等手段规避执行，甚至暴力抗拒执行，严重妨碍了执行工作开展。人民法院通过登门临柜的方式查找被执行人行踪和财产，不仅耗时费力、成本高昂，而且能够覆盖的地域范围和财产形式十分有限。二是财产变现难。人民法院查找到的财产很多是房地产、车辆、船舶、股权、证券等，需要评估拍卖。鲜活农副产品、飞机、有毒或易燃易爆危险品、金融经营资格等特殊财产对评估拍卖的时限、方式要求更高。但传统拍卖模式周期长、佣金高、成交率低、廉政风险大，不利于财产顺利变现。三是排除非法干预难。长期以来，有的单位和个人基于部门利益、地方利益，干预、妨碍执行，有的甚至截扣执行标的物、围攻执行人员。在防止领导干部和司法机关内部人员干预过问案件“两个规定”颁布以后，这种现象有了很大改观，但干扰执行的情形仍时有发生。四是清理历史欠账难。执行难问题由来已久，特别是由于无财产可供执行案件缺乏合法规范的甄别退出机制，陈案越积越多，有的案件长期得不到解决，存在严重风险隐患。一些矛盾尖锐的信访老案化解难度很大，需要投入大量人力、物力予以解决。

执行难成因复杂，是各种社会问题和矛盾叠加、交织的集中体现。从外部原因看，一是社会诚信体系不够健全。一些公民的法治观念和诚信意识不够强，覆盖全社会的征信系统尚未形成，社会成员信用记录相对缺失，对多头开户、各种财产形式登记在他人名下等基础性信息缺乏有效掌握，守信激励和失信惩戒机制尚不健全。有的当事人规则意识淡薄，拒不履行生效法律文书，有的甚至通过虚假诉讼等方式，达到拖延执行的目的。二是执行依据复杂多样。按照我国法律规定，人民法院不仅负责执行民事、行政、刑事附带民事判决、裁定、调解书等法院自身作出的生效法律文书，还负责依法执行仲裁裁决、部分行政决定、公证债权文书、司法确认的人民调解协议书、境外法院的民商事判决、境外仲裁机构的裁决等生效法律文书。部分仲裁、公证行为引发当事人较大争议，被执行人不断提出不予执行申请或异议，影响执行工作质效。三是执行标的种类繁多。当前各类新型金融资产、无形资产、投资权益等财产形式日趋多样，但监管、登记等制度尚不健全，尤其是隐名投资、股权代持等情况给财产查控带来障碍。被执行人履行义务的形式除金钱给付之外，还包括腾退房屋、赔礼道歉、赡养老人、抚养及探视子女等行为给付，执行难度较大。四是法律和配套制度不够健全完善。我国尚未制定单独的强制执行法，执行程序在《民事诉讼法》中仅有 35 个条文，很多问题缺乏明确规定。在配套制度方面，我国尚未建立个人破产制度，与执行案件有关的救助制度也不完善。实践中对拒执罪适用较少，法院与有关方面配合形成合力不够。五是多种社会矛盾交织。执行工作与经济社会发展关系紧密，大量矛盾激化的群体性案件最终都汇集到执行领域，聚焦在款物分配清偿等攸关当事人切身利益的环节。一些涉及土地使用权、房产、股权等权属争议的案件，标的额巨大，往往关系到众多申请执行人和其他相关人员的权益，加大了矛盾化解和执行难度。

从内部原因看，一是执行规范化水平不高。一些法院存在消极执行、选择性执行及乱执行现象,违纪违法、徇私枉法现象时有发生。二是执行人员力量和能力不足。在“基本解决执行难”的三年时间里,执行案件每年都在600万件左右,执行干警年人均办案达150件左右,执行队伍的人员配备和能力素质不能充分满足工作需要。三是执行制度机制不够健全完善。法院内部立案、审判、执行等环节存在衔接不畅问题,评估拍卖环节存在较多弊端。四是执行工作管理不够规范。执行实施过程具有相对分散、节点多等特点,异地执行、现场执行等环节监督管理困难,存在较大管理风险。一些法院执行案件底数不清、情况不明,执行管理失序。

需要说明的是,执行过程中,有相当一部分案件被执行人完全丧失履行能力、经核查确无财产可供执行,客观上不具备执行条件,即使法院穷尽一切措施,也无法实际执行到位。这类案件,一般称之为“执行不能”案件。近年来,我国生效裁判文书的自动履行率虽然逐年提升,2016年、2017年分别为51%、57%,但仍剩余40%多未自动履行的案件进入执行程序。而在进入执行程序的案件中,约有5%属于申请人民法院强制执行仲裁裁决、公证债权文书,约有43%属于确无财产可供执行的“执行不能”案件。换算下来,民商事案件中,约18%的案件是“执行不能”案件。这类案件所涉债务大致分为两类:一类是法人债务。被执行企业债台高筑、濒临破产,甚至处于无人员、无财产、无办公场所的状态,这些“僵尸企业”在执行中形成大量“僵尸案件”。另一类是自然人债务。一些交通事故、人身损害赔偿、刑事附带民事诉讼等案件,被执行人自始就财力有限,甚至“家徒四壁”,确无清偿能力。实践中,许多当事人及社会公众认为生效法律文书是以国家信用作背书,只要有生效文书就一定要执行到位,要求法院兜底、承担化解一切风险的“无限责任”。从世界各国通例来看,“执行不能”案件都属于当事人应当承担的商业风险、法律风险、社会风险,并非法院执行不力所致,需要通过个人破产、社会救助等制度机制予以解决,不属于申请执行的范围,不能进入执行程序。但在我国,对于“执行不能”案件,人民法院并未置之不理,而是通过严格审查后终结本次执行程序,纳入“终本案件库”管理,公开接受社会监督,一旦发现有财产必须及时恢复执行,尽最大努力、穷尽一切措施兑现胜诉当事人合法权益。

从上述分析可以看出,执行难的存在,是内外因交织作用的结果,并不能单纯归咎于将执行权配置于法院内部的司法权配置与运行机制。如果没有执行环境的好转、没有健全的社会体系相配套,无论执行权是否配置于法院,执行难问题都将长期存在。①

三、审执分离改革方案的对比与选择

对于审执分离的改革模式,无外乎三种:执行权整体剥离、执行实施权单独剥离、执行权深化内分。从改革成本分析来看,笔者倾向于按照“深化内分”的改革模式进行。但对于其他两种改革模式,也可以选择具有代表性的地区同时开展试点,防止在理论准备不充分、实践经验不丰富的情况下,贸然仅选取某一方案全面铺开导致改革成果不理想甚至失败。如可以给出“指导性计划”的改革顶层设计,给出原则、目标和方向,让有条件的地区先行先试,没有条件的地方可以等条件成熟再改革或者探索不同的改革方式;甚至考虑建立改革的实验区或特区,把经济改革中的“县级竞争”经验运用到改革中,让各地探索如何建立合适的审执分离模式,甚至形成不同的地方特色和地方模式,结合各地的具体情况,再逐步推开。

(一)执行权的整体剥离改革模式

这种改革模式是将整个执行工作从法院予以剥离。从我国当前的国家机构设置来看,这种改革模式可以有以下几种方案:一是将执行权交由司法行政机关;二是将执行权交由公安机关;三是成立

---

① 参见褚红军、刁海峰、朱嵘:《推动实行审判权与执行权相分离体制改革试点的思考》,载《法律适用》2015 年第 6 期。

单独的执行机构行使执行权。这种改革模式,需要着重解决以下问题:一是执行机构与审判机构的衔接,防止出现审判不顾执行导致裁判结果可操作性不高,执行依据不科学的现象;①二是防止因执行权外分产生执行地方化问题,导致司法去地方化的改革失败;三是新设执行队伍的法律素质和执行经验积累问题等。上述问题能否解决,直接关系到审执分离改革的成败与否。越南就曾将民事执行权整体剥离交由行政机关行使,结果民事执行案件出现了执行效率和实际执结率的明显下降(由之前的30%降到10%)。②

(二)执行实施权的单独剥离改革模式

将与执行相关的未决实体争议产生的执行派生诉讼和衍生纠纷交由法院进行处理,而执行权专司执行实施工作的改革模式,被称为执行实施权的单独剥离。③ 这种改革模式的试行,可以在有代表性的地级市设立单独的执行局,法院不再设置执行实施机构,仅设置与各级执行局相对应的执行审查机构。在各县区(市)设执行分局,执行分局可以综合考虑辖区执行案件数量、地域面积等因素,跨行政区域设置。执行局与执行分局采取垂直管理架构,不对地方政府负责。为防止将执行实施权和执行裁决权配置于不同机关而可能出现的效率降低、相互掣肘的问题,需要明确新设立的执行机构不得质疑执行依据的合法性,设置执行机构拒绝实施执行依据的法律责任,同时在法律上扩大协助执行机构的范围,明确协助执行机构的义务,赋予执行机构制裁不协助执行机构的权力。

---

① 参见刘艳红:《试论审判权与执行关系的构建》,载《法治与社会》2013年第3期。

② 参见肖建国:《民事执行权和审判权应在法院内实行分离》,载《法制日报》2014年11月26日。

③ 参见乔宇:《论申请执行时效的适用程序——兼谈权力分工语境下的审执分立》,载《法律适用》2013年第4期。

（三）审执分离改革模式之我见

无论是将执行权彻底从法院剥离，还是单纯将执行实施权从法院剥离，尽管对法院而言会减轻工作负担，但对社会整体而言，可能产生巨大的、难以承受的改革成本：

一是制度变革成本巨大。重新设置一套截然不同的强制执行机制，必然要重新培训人员实施强制执行，让他们精通民事实体法和程序法、了解执行政策和社情民意、掌握必需的执行技巧，熟悉执行流程。① 这种变革还涉及三大诉讼法以及《人民法院组织法》、《法官法》和诸多司法解释等大量法律、规范性文件的重大修改。这种伤筋动骨式的改革，付出的代价过大，实为我国强制执行制度改革所不能承受之重。

二是执行程序过于繁杂。如果执行权或执行实施权不再由法院行使，会增加程序衔接的负担，降低执行效率，使司法的矫正正义难以实现。况且，如果新成立的执行机构性质为行政机关，其执行行为将被列入司法审查的范畴，会带来大量行政诉讼案件，各级法院行政庭也要增加大量人事编制，不仅与我国精简机构编制的改革方向不符，执行效率更是会大大降低。

三是严重影响司法权威。汉密尔顿在《联邦党人文集》中指出，在立法机关、行政机关和司法机关中，司法机关是最弱的一个部门。② 我国不同国家权力之间存在分工。在司法权威不足、司法公信力尚不够高的当下，如将执行权或执行实施权从法院剥离，无疑会进一步贬损司法权威。

任何制度的变革均应立足于本国国情和传统，审执分离改革也

---

① 参见江必新主编：《强制执行法理论与实务》，中国法制出版社 2014 年版，第 49 页。

② ［美］汉密尔顿、杰伊、麦迪逊：《联邦党人文集》，杨颖玥、张尧然译，中国青年出版社 2014 年版，第 391 页。

是如此。简单的推倒重来很可能适得其反，盲目抄袭域外制度更不可取。[①] 审执分离改革是权力结构调整，而非权力机构调整，不能简单地将“审执分离”等同于“行使审判权的机构和行使执行权的机构相分离”。我国的审执分离改革，亦应坚持符合我国国情和传统的原则，在现有制度基础上考虑是否有完善的余地，从现有机制的实践中找寻出其优良基因，[②]从而稳步推进改革。笔者认为，我国的审执分离改革，应当在整个司法权配置与运行机制改革框架下，结合省级以下地方法院人、财、物统一管理改革和法官员额制改革，在执行员与法官分离、执行实施权与执行裁决权分离、执行工作统一管理的“两分一统”工作机制上实现突破，为审执分离改革试点提供比较参照系。

1. 探索执行实施工作警务化改革，实现执行法官与执行员的分离。从我国执行队伍现状看，执行员多数为法官，或是刚考进法院尚未通过司法考试的“法官后备军”。法官之权威来自理性、自律和公正，而非强制。[③] 由法官承担执行工作，不仅与法官的职能不符，也缺乏基本的威慑力。有学者建议成立我国专门的执行员队伍，建立与法官序列相独立的执行员序列。[④] 但第四个“五年改革纲要”将执行员定性为“审判辅助人员”，如针对当前的执行队伍开展执行员单独序列改革，执行员多会要求调至审判部门，势必影响执行队伍的稳定性，更不利于法官的职业化建设。将执行实施工作进行警务化改革，整合司法资源，逐步由熟悉法律知识的司法警察负责执行

① 参见江必新主编:《比较强制执行法》，中国法制出版社2014年版，第10～12页。

② 参见王华伟:《试论非诉行政执行体制之改造——以裁执分离模式为路径》，载《政治与法律》2014年第9期。

③ [以]阿哈隆·马拉克:《法官的角色》，孔祥俊译，载《法律适用》2002年第6期。

④ 参见王文平:《人民法院执行员制度建设迫在眉睫——建议尽快制定〈人民法院执行员暂行条例〉》，载《福建法学》2004年第1期。

实施工作,有利于法官的职业化建设,理顺执行实施工作的上下级统一管理机制,更可强化执行威慑力。从理论依据来看,警察权作为国家权力的组成部分,是国家警察机关执行国家意志、履行国家警察职能、实施国家警务活动的权力,其权力的运行是行政化的,以追求效率为目标,具有明显的执行性和强制性特点。① 司法警察作为人民法院直接管理的武装性质的司法力量,在法院内部是司法行政建制,接受所属法院和上级司法警察组织的双重领导,主要目的在于以强制力保障法律在个案中得以实现。对执行实施工作进行警务化改革,既符合警察权的特点,也符合强制执行的本质要求。从法律依据来看,司法警察作为独立的警种,根据《人民警察法》的规定,可以使用武器、器械,依法执行拘留等强制措施;《人民法院司法警察暂行条例》也明确规定,司法警察参与对判决裁定的财产查封、扣押、冻结或没收活动。因此,由司法警察负责执行实施工作的开展,不仅理论可行,也有法律依据。由司法警察负责强制执行,也符合国际通行做法。"尽管有些国家成立了专门的执行机构来执行法院的裁决,但多数国家还是通过警察或行政司法官等执行机构来完成的。"②如英国的执达员为法庭执行传票、扣押财产等,拥有警察的权力;③美国法院的判决由执行官执行,执行官属于专门为法庭提供服务的警察;挪威的执行官除执行比较简单的法院判决外,也是该地区的警察机构;④俄罗斯联邦司法警察和联邦各主体司法警察

① 参见余凌云:《警察行政权力的规范与救济》,中国人民公安大学出版社 2003 年版,第 147 页。

② [美]鲁门·伊斯拉姆:《司法改革:路向何方?》,徐菁译,载吴敬链主编:《比较》(第 17 辑),中信出版社 2005 年版,第 136 页。

③ 参见最高人民法院民事诉讼法调研小组:《民事诉讼程序改革报告》,法律出版社 2003 年版,第 443 页。

④ 参见高执办:《国外执行机构概览》,载《强制执行指导与参考》2002 年第 1 辑,法律出版社 2002 年版,第 444 ~ 446 页。

执行法院的裁判和其他机关的裁决等。[①] 尤其是俄罗斯由司法警察负责执行实施工作的执行机制改革取得了明显成效:新机制建立前俄罗斯的执结率仅为 20% ~30%,改革后 2006 年的执结率达到59.7%,2009 年的执结率达到 76.8%。从我国司法警察参与强制执行的实践来看,以湖南省为例,目前主要有五种模式,即司法警察协助执行局执行、司法警察独立执行、司法警察机构与执行局"两块牌子、一套人马"执行、合并成立司法警察局执行以及合并成立执行警务局执行;近年来,司法警察机构以这五种模式参与执行的比例达到 35% 左右。[②]

就当前而言,开展执行实施工作的警务化改革,可分如下方面:第一,鉴于当前各级法院司法警察的编制、人员并不能完全适应改革要求,现阶段可以先在法院内部设立执行警察,从司法警察中分流出一支"司法执行警察",纳入执行实施队伍。第二,逐步增招司法警察,加强对司法警察的执行业务培训,将执行局内的执行员、司法执行警察一并划入司法警察序列,逐步实现将执行实施权完全交由司法警察行使的目的。第三,实行主执法官负责制,在执行局内部保留少数法官员额,由主执法官对执行实施人员采取查控、处置等执行行为进行决定,避免执行实施权过于集中的现象出现。这种改革方式,一方面可以在充实执行实施力量的同时,借助司法警察垂直管理的体系实现上下级法院之间执行工作的统一管理机制;另一方面又可以有效起到监督作用,符合执行权分权运行的原则。

2. 设立与执行局平行的执行裁判庭(或民×庭,下同),实现执行实施与执行裁决的分离。在执行过程中,不可避免地会遇到派生

---

① 参见李浩:《强制执行法》,厦门大学出版社 2004 年版,第 540 页。

② 参见石时态、屈国华:《司法警察参与民事执行的实证研究》,载《法学评论》2011 年第 1 期。

性诉讼,这些纠纷必然会涉及实体和程序两个方面。[①] 执行派生诉讼不同于传统的刑事、民事、行政诉讼类型,其在对私权利进行实体判断的同时,还对执行行为这一公法性质权力进行判断。[②] 传统的在执行局内部设立执行裁决科的做法,实际上是分权不分家,既无法实现有效的监督,也使执行统一管理机制无法落实。一个公正裁决的基础是由公正无私的人来审判,那是一个与纠纷无利害关系的人所作出的裁决。[③] 在人民法院内部设立与执行局平行的执行裁判庭,集中审理执行派生诉讼,可以厘清执行实施权和执行裁判权的关系,达到审判与执行相互制约、相互监督的目的,实现公正与效率的统一,有助于裁判的准确和专业。实体法所规定的权利义务如果不经过具体的判决,不过是一种主张或权利义务的假象,只有经过程序产生的确定性判决,权利义务才得以实定化。[④] 我国《民事诉讼法》第225条和第227条,针对执行行为异议和执行标的异议分别设立了两种救济方式,针对执行行为提出的异议,当事人对法院的处理结果不服可向上一级法院提出复议;针对执行标的提出的异议,当事人对处理结果不服应当提出诉讼。从立法的改变来看,根据当事人提出异议所依据的请求权基础不同,相应的救济程序也有不同;针对程序提出的异议应向上一级法院提出复议,具有行政特点;针对实体提出的异议应向法院提出诉讼,具有司法特点。从经济学的角度考虑,诉讼制度的目的在于使两类成本之和最小化……我们

---

① 参见章武生:《司法现代化与民事诉讼制度的构建》,法律出版社2003年版,第659页。

② 参见王少南:《各地可成立专门执行裁判庭》,载《法制日报》2011年10月20日,第5版。

③ [奥]尤根·埃利希:《法律社会学基本原理》,叶名怡、袁震译,江西教育出版社2014年版,第436页。

④ [日]谷口安平:《程序的正义与诉讼》,王亚新、刘荣军译,中国政法大学出版社2002年版,第6页。

绝不能忽视诉讼制度的运行成本。① 因此,执行裁判庭的职能也应根据法律的规定来予以厘定,明确当事人因程序所产生的争议,仍应由执行实施机构处理,按行政程序运行,便于快速处理因执行行为所产生的“派生程序性纠纷”,突出执行效率的价值追求;对于执行中产生的实体性争议,应由执行裁判庭处理,使执行裁判庭成为纯司法性的机构,按照司法权运行规律运行,实现上下级法院独立行使执行审判权。具体而言,其主要职能应是受理具有司法性质的裁决,即在执行过程中需要由原生效法律文书记载以外的人承担实体责任的,因具体执行行为可能致他人实体权益受损的案件,比如代位析产之诉、案外人执行异议之诉、申请执行许可之诉、参与分配之诉等。同时应予以明确,执行实施机构必须服从执行裁判庭作出的生效裁判,使执行实施权始终处于当事人及执行裁判庭的监督之下。如此区分,既突出了执行实施权的行政性特点,有利于上下级执行工作统一管理体制的实现,也突出了执行审判权的司法权性质,实现了上下级法院审判权的各自独立。

3. 建立执行实施工作跨行政区划垂直管理机制,理顺执行实施工作统一管理机制。执行实施权作为一项行政性权力自强制执行权中独立出来后,上下级之间实行统一的管理机制即不存在理论上的阻碍;需进一步改革的,是如何实现执行改革中的“去地方化”。特别是如果被执行人为地方大型经济体、政府招商引资企业、政府或当地行政机关等,执行的主要困难即在于地方保护主义。省级以下地方法院人、财、物统一管理机制的改革,目的即在于破除“司法地方化”现象。但我国传统社会是熟人社会,尤其是在农村,其经济发展方式决定了其生存区域的狭隘性。在这样一个固定的生活环境中,几乎人人是熟人;基层人民法院的工作人员,多数亦来自这样

① [美]理查德·A. 波斯纳:《法律的经济分析》,蒋兆康译,法律出版社 2012 年版,第 768 页。

的生活环境,不可避免地会有人情上的工作障碍。在全国范围内建立跨行政区划垂直管理的执行实施机构,有效破解执行过程中的地方保护主义,即显得尤为必要。笔者认为,可以在最高人民法院设立执行总局,垂直管理全国法院执行实施工作。在各级地方人民法院,根据地域范围的分布情况,在全国设立15个左右跨行政区划的执行局,每个执行局可管辖2~3个省份的执行案件,从而形成15个跨行政区域的执行局管理23个省、4个直辖市、5个自治区的省级区域执行案件的机制。相应的,参照省级执行局的设置模式,可跨区域设置执行分局管辖地市一级的执行案件,每个执行分局负责2~3个地级市区域的执行案件;在执行分局下,可跨区域设置执行支队管辖2~3个县(市)、区一级的执行案件。在执行实施机构的上下级之间按照垂直管理的模式,实行统一管理、统一领导、统一协调、统一指挥。

4.强化执行指挥中心建设,完善执行配套机制。对于无财产可供执行的案件,应当建立合理规范的消化渠道,如通过破产程序、终结本次执行程序、完善社会或司法救助制度等予以解决。对于有财产可供执行但不能得到及时全部执行的案件,才是我们解决执行难的关注重点,而其关键在于依托执行信息化推动执行模式的根本变革。在社会诚信体系尚未基本建立的情况下,要有效提升查找被执行人及其财产的能力,必须强化执行指挥中心建设,完善执行配套机制,建立起全国四级法院一体化的执行案件管理系统,由最高人民法院与央行、住建部、工商总局、交通部、农业农村部、证券登记结算机构等部门实现"总对总"专线网络对接,解决对基本账户、房产、股权、证券、渔船、轮船、车辆等财产形式在全国范围内的查控。建立执行指挥中心的理论基础,主要在于对执行权性质认识的深化以及对执行工作规律理解的深入。基于国家权力分配规则的基本理论和执行权分权运行的基本要求,审执分离改革后,执行实施工作的开展应从法院的单打独斗转变到综合治理,从单纯强调提高法院执行能力,转变到依托执行指挥中心建立起完善的执行查控体系、失信被执行人惩戒体系以及执行指挥体系等,进一步明确各协助执行单位的职责,形成规范的联动协调机制、综合治理执行难的外部合力,使执行实施工作步入信息化管理时代,也有利于执行实施工作统一管理机制的完善和巩固。执行指挥中心模式的选定,必须遵循以下原则:一是合法性原则。应当明确执行指挥中心行使的是执行实施权,其模式选择、功能设置和运行方式等,都必须以此为基础。二是效率原则。执行指挥中心的构架、运行,要从有利于整合各种资源,最大限度发挥各联动单位的功能和作用出发,利用现代化科技手段,提高执行效率,及时维护当事人合法权益。三是效益原则。建立执行指挥中心就是要改变传统执行方式,利用高科技建立广泛的内外联动网络,降低执行成本,实现执行利益的最大化。四是实事求是原则。全国各地法院的情况千差万别,经济基础、案件数量、人员配备等方面各有不同,执行指挥中心的模式建立也应结合从本地的实际情况开展。对于执行指挥中心的建设模式,有内部联动、外部联动和内外联动等多种模式。内部联动主要是依托高科技、建立与执行单位的网络联系,及时查控被执行人及其财产;外部联动模式主要是通过建立快速反应机制,整合执行资源,畅通与当事人的联系渠道,提高执行效率。内外联动是在党委的统一领导下,坚持法院主办执行工作,协调各方形成合力,从根本上破解执行难。① 笔者认为,采取内外联动的执行指挥中心更符合我国国情,更具有生命力,更有利于解决执行难题,可以实现审执办公场所分离和相对独立,形成独立管理、上下畅通、左右协同的执行指挥体系。

德国通过1879年、1957年的两次立法,先后创制了执行员制度和司法辅助官制度,历时78年才较为彻底地解决了强制执行领域的

① 参见林玉棠、曾越凡:《建立执行指挥中心的法律思考》,载《执行工作指导》2013年第2辑,人民法院出版社2013年版,第95~96页。

一些顽疾。法国自1991年开始对强制执行制度进行了改革,通过立法分3个阶段才将强制执行法与民事诉讼法区分开来。改革中如果出现了可以实现跨越式发展的历史机遇,固然不容错过。党的十八届四中全会提出"审判权与执行权相分离的体制改革",或可成为我国强制执行制度涅槃重生的一个起点。但确定前进方向的过程,仍以温和渐进的方式逐步推进较为稳妥。我国总体上仍处于法治国家的初级阶段,社会诚信体系尚不健全,国民整体上守法遵法的意识还不强,依法行政的水平也有待进一步提高。审执分离改革属于影响比较重大的司法权配置与运行机制改革,确定改革方向的过程必须务实而审慎。在法院内部进行"深化内分"式的审执分离改革,改革成本较小,推进过程容易,应为当前强制执行改革的较好路径与方法。

后　记

作为一名法官，笔者深知改革从纲领、行动到取得果实的过程会面临很多困难，但同时也非常幸运能够在顶层设计下参与改革。面对已成定势的司法改革，相信每一名法官乃至每一名法律工作者心中都有一把法槌，敲打着自己的灵魂，拷问着自己的选择。在不断的学习与探索之中，笔者对本轮司法权配置与运行机制改革也形成了一定的感性认识，觉得应该真实地表达出来，呈现给正在改革进程中的法院同行、关注改革的专家学者，以及各位法律同仁。

本书付梓在即，作为司法权配置与运行机制改革的积极实践者，首先要表达由衷的感谢。感谢这个改革的时代，让法律人心怀梦想，让法院更像法院，让法官更像法官。非常感谢东南大学法学院周佑勇教授、刘艳红教授、汪进元教授，北京大学法学院潘剑锋教授，华东政法大学应培礼教授，吉林大学法学院蔡立东教授等专家学者的悉心指导；感谢江苏省高级人民法院，上海市三级法院，江苏省南京市、徐州市、扬州市两级法院，浙江省台州市两级法院，山东省潍坊市中级人民法院，广东省东莞市第二人民法院，吉林省延吉市人民法院等为本书的撰写提供了大量的实证调研数据支持。感谢全国各地积极探索司法权配置与运行机制改革的法院同仁，你们的积极探索为改革模式提供了多样化的样本，也为本书的撰写提供了非常好的思路。

感谢所有关注我国司法权配置与运行机制改革的理论研究者与实践探索者。是你们的思想，引领我的研究；是你们的实践，丰富我的理论。希望在我们法律职业共同体的努力下，我国的法治建设能取得更大的进步。

囿于笔者水平有限，本书难免存在错误之处，恳请大家多多批评指正、不吝赐教。

图书在版编目(CIP)数据

人民法院司法权配置与运行机制改革研究 / 岳彩领著. -- 北京 : 法律出版社, 2021
(东南大学法学博士文库)
ISBN 978 - 7 - 5197 - 5092 - 3

Ⅰ. ①人… Ⅱ. ①岳… Ⅲ. ①法院-司法制度-研究-中国②法院-体制改革-研究-中国 Ⅳ. ①D926.2

中国版本图书馆 CIP 数据核字(2021)第 071099 号

东南大学 法学博士文库	**人民法院司法权配置与运行机制改革研究** **RENMIN FAYUAN SIFAQUAN PEIZHI YU YUNXING JIZHI GAIGE YANJIU**	岳彩领　著	责任编辑　黄琳佳 装帧设计　鲍龙卉

出版发行 法律出版社
编辑统筹 学术 · 对外出版分社
责任校对 晁明慧　王　皓
责任印制 陶　松
经　　销 新华书店

开本 A5
印张 7.375　　**字数** 179 千
版本 2021 年 9 月第 1 版
印次 2021 年 9 月第 1 次印刷
印刷 三河市龙大印装有限公司

地址:北京市丰台区莲花池西里 7 号(100073)
网址:www.lawpress.com.cn
投稿邮箱:info@lawpress.com.cn
举报盗版邮箱:jbwq@lawpress.com.cn
销售电话:010 - 83938349
客服电话:010 - 83938350
咨询电话:010 - 63939796

书号:ISBN 978 - 7 - 5197 - 5092 - 3　　**定价**:49.00 元
凡购买本社图书,如有印装错误,我社负责退换。电话:010 - 83938349